지식인의 죄와 벌

L' ÉPURATION DES INTELLECTUELS

Pierre Assouline

L' ÉPURATION DES INTELLECTUELS
by Pierre Assouline

Copyright ⓒ 1996, Éditions Complexe
Korean Translation Copyright ⓒ 2005, Dourei Publication Co.

This Korean edition is published by arrangement with Éditions Complexe, represented by Agence HOFFMAN through Bookmaru Korea Literary Agency. All rights reserved.

이 책의 한국어판 저작권은 북마루 코리아와 Agence HOFFMAN을 통해 Éditions Complexe와 독점 계약한 도서출판 두레가 갖고 있습니다. 저작권법에 의해 한국 내에서 보호를 받는 저작물이므로 무단전재와 복제를 할 수 없습니다.

지식인의 죄와 벌

글 쓰는 것과 말하는 것의 두려움

프랑스는 나치에 협력한 지식인들을 어떻게 처벌했나?

피에르 아술린 지음 이기언 옮김

두레

■ 옮긴이의 말

이 책은 2차 세계대전 직후 프랑스에서 진행된 지성인 숙청에 관한 책이다. 저자는 관련 자료들(신문, 일기, 회고록, 재판 기록 등)을 토대로 지성인 숙청의 실상을 정리하고 있다. 저자의 객관적인 관점과 중립적인 입장으로 인해, 독자들은 때로는 혼란에 빠질 수도 있고, 독자에 따라서는 쓴 것은 뱉고 단 것만 삼키는 편향적 읽기에 빠질 수도 있을 것이다. 객관주의의 함정이라고나 할까. 아무튼 이러한 함정에 빠질 것인가 아닌가는 전적으로 독자의 선택에 달려 있다. 하지만 '프랑스적 사고', 즉 데카르트의 합리주의적 사고의 본질을 아는 독자들은 그런 함정에 빠지지 않을 것이다. 이 책을 읽는 데에 또 한 가지 문제점이 있다. 왜냐하면 저자 자신이 '서문'에서 이 책의 독자들을 독일 점령 하의 프랑스 지성계에서 어떤 일이 있었는지를 잘 알고 있는 사람들로 간주한다고 명시하고 있기 때문이다. 이 점에 있어서도 많은 독자들은 낯설게 느껴지지 않을 수 없을 것이다. 이러한 낯설음을 조금이라도 덜어주기 위해서 이 책을 읽는 데에 필요한 최소한의 사전 지식을 제공하는 것으로 '옮긴이의 말'을 갈음하고자 한다.

흔히 '현대적 동물'이라 불리는 지성인은 19세기 말 프랑스에서 탄생했다. 아마도 드레퓌스 사건이 없었다면 이 '현대적 동물'도 태어나지 않았을 것이다. 왜냐하면 그 이전까지만 해도 '지성인'이라는 낱말조차 없었기 때문이다. 당시에는 사회 지도층 인사인 성직자와 학자들을 가리켜 '지식인 clerc'이라 지칭했다. 그런데 1890년대에 접어들어 몇몇 우파 지식인들이 좌파 지식인들을 비난하고 폄훼하기 위해서 "잘난 체하는 자" 혹은 "고지식한 자"라는 부정적인 의미의 신조어인 '지성인 intellectuel'을 사용하기 시작했다. 그런데 드레퓌스 사건이 터졌을 때, 좌파 지식인들이 이 신조어를 받아들여 「지성인들의 선언 Manifeste des intellectuels」을 발표하면서 마침내 지성인이라는 현대적 동물이 탄생하게 되었던 것이다. 그래서 '지성인'이라 하면 원래 '좌파 지식인'만을 가리키는 용어였으나, 점차 그 고유 의미가 확대되어 우파 지식인들에게도 적용되었다.

하지만 프랑스에서는 프랑스 최초의 지성인으로 드레퓌스 사건의 주역인 에밀 졸라를 꼽지 않는다. 한 세기를 훌쩍 거슬러 올라가서, 무고하게 사형 선고를 당한 툴루즈 시민 칼라스를 구명하기 위해 3년 동안이나 발벗고 나섰던 철학자 볼테르를 지성인의 대부라 일컫는다. 바로 이 점에서 지성인의 고유한 의미를 잘 엿볼 수 있다. 사르트르가 『지성인을 위한 변론』에서 명료하게 정의했듯이, 지성인은 "자기 일이 아닌 남의 일에 뛰어드는 자"이다. 무엇이 지성인으로 하여금 남의 일에 뛰어들게 하는가? 대답은 간단하다. 정의와 자유, 선과 진실, 즉 인간 사회의 보편적 가치가 유린당하거나 문제시 될 때, 지성인은 방관자의 자세를 버리고 남의 일을 자기 일로 간주하고서 정의와 자유를 지키기 위해, 선과 진실의 승리를 위해 투쟁에 나선다. 말하자면, 지성인이란 개인적인 이익이나 사사로운 집단 이기주의를 위해서가 아니라 '대의'를 존중하고 지키기 위해서, 모든 종류의 권력에 대항해서 핍박과 수난을 무릅쓰고 투쟁하는 가시밭길을 스스로 택하는 자이다.

미셸 비녹, 파스칼 오리, 장-프랑수아 시리넬리 등 일군의 20세기 전공 역사학자들은 1898년 드레퓌스 사건에서부터 시작해서 1980년 장-폴 사르트르의 죽음에 이르기까지의 20세기 프랑스를 '지성인의 황금시대'라 부른다. 그만큼 지성인들이 20세기 프랑스의 정치, 사회, 교육, 문화, 언론 등 거의 모든 분야에 걸쳐 지울 수 없는 족적을 남겨 놓았기 때문이다. 드레퓌스 사건과 사르트르의 죽음이라는 두 시점을 상기하면, '지성인'은 여든두 해의 화려한 삶을 살다 간 한 인간과 같다고 하겠다. 아무튼 에밀 졸라, 앙드레 지드, 앙드레 말로, 폴 니장, 장-폴 사르트르, 알베르 카뮈, 모리스 블랑쇼, 미셸 푸코 등(이상 좌파 지성인)과 샤를 모라스, 프랑수아 모리악, 드리외 라 로셸, 장 지오노, 로베르 브라지약 등(이상 우파 지성인)은 20세기 프랑스 지성인사의 주역으로 남아 있다.

지성인은 시대와 사회의 등불이다. 그래서 베르나르-앙리 레비는 『지성인 예찬』에서 "지성인의 존재는 민주주의의 열쇠이다"라고 지적했다. 지성인이 살아 있는 사회에서는 정의가 살아 숨쉬기 때문에 민주의 꽃이 피어날 수 있는 반면에, 지성인이 없는 사회에서는 정의가 신음거리고 부정과 부패가 득세하고 반민주와 모든 형태의 독재가 지배한다. 그래서 지성인은 난세의 시기일수록 북극성의 역할을 해야 하는 사명을 지니고 있다.

독일이 1939년 9월 1일 폴란드를 침공하자, 영국과 프랑스는 이틀 후인 9월 3일 전쟁을 선포했다. 그러나 이듬해 5월까지 약 8개월 동안은 독일군과의 직접적인 충돌 없이 마치 전시가 아닌 것 같은 상황이었다. 이를 두고 독일인들은 '앉은 전쟁'이라 했고, 영국인들은 '가짜 전쟁'이라 했으며, 프랑스 작가 롤랑 도르쥴레스는 '괴상한 전쟁'이라 불렀다. 아무튼 전쟁이 선포되자 지성인들은 자원하든 징병에 의해서든 전선에 나섰다. 『야간 비행』의 작가 생텍쥐페리는 정찰비행대에 자원했고, 스페인 내전에 참전한 바 있는 앙드레 말로는 프로방스에 주둔중인 기갑부대에 합류했고, 장-폴 사르트르는 기상관측병으로 징병되었고, 폴 니장은 최전방 첨병대원으로 투입되었다. 독일군의 총탄을 머리에 맞고 전사한 폴 니장을 제외하고, 대부분의 지성인들은 전쟁 초기에 포로가 되어 수용소 생활을 해야 했는데, 역전의 용사 앙드레 말로는 수용소를 탈출하여 남불의 레지스탕스에 가담해서 베르제르 중령이라는 이름으로 활약하다가 파리 해방군의 일원으로 귀환한다.

독일군에 점령 당한 파리 지성계는 파리 대사로 파견된 오토 아베츠라는 인물을 중심으로 완전히 재편되었다. 1903년생인 오토 아베츠는 프랑스 국립미술학교를 졸업, 독일에서 미술교사로 재직하던 중, 당시 외무장관이던 리벤트로프에 의해 발탁되어 1940년 8월 파리에 부임했다. 그는 프랑스와 프랑스 문화를 지극히 사랑하는 프랑스통이었고, 특히 알랭 푸르니에, 알퐁스 도데, 로맹 롤랑을 존경했다. 프랑스 여자와 결혼한 그는 파리 대사로 임명되기 이전에도 몇몇 프랑스의 우파 작가들과 친분관계를 맺고 있었다. 그의 임무는 프랑스의 저명인사들을 설득해서 독일에 협력하게 하는 것이었고, 목표를 달성하기 위해서는 모든 수단들을 다 동원했다. 파리의 지성계를 장악하기 위해서, 그는 '오토 목록'이라는 금서목록을 작성하여 유태인과 좌파 작가들의 책을 출판하지 못하도록 했다. 이 '오토 목록'에는 아인슈타인, 프로이트, 마르크스, 토마스 만, 하이네, 카프카, 레옹 블룸, 죠셉 케셀, 앙드레 말로, 폴 클로델, 루이 아라공, 쥘리앙 방다, 조르주 뒤아멜, 장 리샤르 블록, 롤랑 도르쥴레스 등 많은 학자, 정치가, 작가들이 포함되어 있었다.

프랑스 문화와 사회를 잘 알고 있던 오토 아베츠는 "프랑스에 세 가지 힘이 있는데, 그것은 공산주의, 은행 그리고 「신프랑스지*Le*

Nouvelle Revue française」다"라고 말하곤 했다. 프랑스의 지성계를 장악하기 위해서는 당시 지성인들의 무대이던 문학잡지「신프랑스지」를 친독지로 만드는 것이 무엇보다도 중요하다는 것을 아베츠는 잘 알고 있었다. 파리가 독일군에 의해 점령되자 1940년 6월호 이후 정간 상태에 있던「신프랑스지」는 9월호부터 오토 아베츠의 후원을 받은 우파 작가 드리외 라 로셀의 손에 넘어간다. 1925년부터「신프랑스지」의 발행인을 맡고 있던 작가 장 폴랑은 어쩔 수 없이 드리외 라 로셀에게 자리를 내주어야만 했다. 라 로셀이 발행인이 된 후부터「신프랑스지」는 전쟁 이전의 성격과는 전혀 다른 친독지로 전락하고, 우파 작가들의 독무대가 되어 독일을 찬양하는 글들이 게재되었다. 드리외 라 로셀은「신프랑스지」의 창간자인 앙드레 지드를 비롯해서 폴 발레리, 폴 클로델, 프랑수아 모리악 등 당시 프랑스 지성계를 대표하는 작가들에게 협조해 줄 것을 부탁했으나 거절당했고, 이로 인해 잡지는 자크 샤르돈, 로베르 브라지약, 자크 오디베르티, 마르셀 주앙도, 폴 모랑 등 우파 작가들과 이에 동조하는 마르셀 에메, 앙리 드 몽테를랑 등의 글을 싣게 되었다. 그러나 친독지로 전락한「신프랑스지」는 장 폴랑, 사르트르, 아라공, 장 게에노, 엘뤼아르, 모리악, 카뮈 등 레지스탕스 작가들이 만든 지하잡지인「프랑스 문예 *Les Lettres françaises*」로부터 심한 공격을 당하게 되고, 저명 작가들이 참여하지 않자 잡지 발행이 어려워 정간되지 않을 수 없었다.

1940년 6월 18일 샤를 드골 장군은 런던의 *BBC* 방송을 통해 특유의 떨리는 목소리로 "오늘 우리는 패배했지만, 내일 우리는 승리할 것입니다. 어떤 일이 일어난다 해도 프랑스 레지스탕스의 불꽃은 꺼질 수 없으며 꺼지지 않을 것입니다"라고 선언했다. 이 역사적인 선언 덕택으로 드골 장군은 프랑스 국민들에게 희망과 용기를 안겨줌으로써 독일 점령 하의 대독 저항 세력의 등불로 등장했다. 드골 장군의 저항 호소문 이후 프랑스 전국 각지에서는 지하 레지스탕스 단체들이 조직되기 시작했고, 지성인들도 시인 르네 샤르의 경우처럼 민간인들이 구성한 지하단체에 가입하여 레지스탕스 운동에 가담했다. 하지만 지성인들의 저항은 무엇보다도 그들의 무기인 붓을 통해서 전개되었다. 물론 출판의 자유가 제한된 상황에서 붓의 힘을 발휘한다는 것은 결코 쉬운 일이 아니었다. 따라서 지성인들의 저항운동은 자연히 지하조직을 결성하여 패배의식에 젖어 있는 프랑스 국민들에게 정신적인 힘을 불어넣고 점령군에 저항할 것을 촉구하는 글을 싣는 신문이나 잡지 또는 책을 발간하는 방법을 택하지 않을 수 없었다. 장 발라르가 마르세유에서 「레 카이에 뒤 쉬드 *Les Cahiers du Sud*」, 피에르 세게르스가 빌르뇌브 레자비뇽에서 「포에지 *Poésie*」, 르네 타베르니에가 리용에서 「콩플뤼앙스 *Confluences*」, 막스 폴 푸셰가 알제에서 「퐁텐*Fontaine*」, 레이몽 아롱이 런던에서 「프랑스 리브르*France-Libre*」를 발행했는데, 이 잡지들은 프랑스 국민들에게 저항의식을 고취시켜 주었을 뿐만 아니라,

문학적 가치의 측면에서도 높이 평가되는 잡지들이다.

위의 잡지들 외에 점령기 프랑스 지성인들이 저항운동을 가장 활발하게 전개한 지하신문으로 「프랑스 문예 *Les Lettres françaises*」와 「투쟁 *Combat*」이 있다. 자크 드쿠르, 클로드 모르강, 자크 드뷔 브리델 등 친공산주의 지성인들이 주축이 되어 1942년 말에 창간한 「프랑스 문예」지는 저항 지성인들의 중심 무대가 되었으므로, 「프랑스행동」과 「그랭구아르」 등 친독지로 변신한 우파 신문들과 우파 지성인들의 공격 대상이 되었다. 「프랑스 문예」지에 참여한 작가들로는 모리악, 엘뤼아르, 아라공, 폴랑, 장 게에노, 사르트르, 카뮈, 에디트 토마, 레이몽 크노 등이 있는데, 바로 이들을 주축으로 지하 단체인 '전국작가협의회'가 결성되어 지성인들의 지하 저항 운동의 구심점 역할을 했다. 이 '전국작가협의회'는 남부에서는 아라공을 중심으로 리옹 근처에 있는 시인 르네 타베르니에의 집에서 회합을 가졌고, 파리에서는 엘뤼아르를 중심으로 젊은 여류시인 에디트 토마의 집과 갈리마르 출판사 내에 있는 장 폴랑의 사무실에서 모임을 가졌다.

1941년 말 저항 지성인들에 의해 창간된 「투쟁」지는 장 물랭이 창설한 저항단체인 '전국 레지스탕스 협의회'의 기관지 역할을 했으며, 조르주 비도, 클로드 부르데, 파스칼 피아를 거쳐 1943년 9월부터 청년 작가 알베르 카뮈가 편집장을 맡은 이후 해방이 될 때까지 50여 호를 발간하면서 지하 저항 운동을 이끌었던 대표적인 신문이었다. 「프랑스 문예」가 점령기에도 프랑스 문학이 중단될 수 없다는 더욱 지성적인 차원에 치중한 반면에, 「투쟁」지는 드골 장군의 대국민 저항호소문을 게재하고, 프랑스 전국 각지에서 레지스탕스에 참여하고 있는 저항세력들의 활약상을 전달하는 데에 주력했다. 해방 직후 「투쟁」은 조간 신문으로 발간되었고, 이 신문의 사설은 파리 시민들과 지식인들에게 "오늘의 화두"가 되기도 했다. 바로 이 사설의 필자가 청년 작가 알베르 카뮈였다. 카뮈가 편집국장을 맡았던 1944년~1947년의 「투쟁」은 사르트르, 레이몽 아롱, 메를로퐁티 등 저명 지성인들이 참여하여 전후 혼란기의 프랑스 사회에서 여론을 주도하고 참다운 신문상을 정립하려 했던 지성인 신문이었고, 카뮈의 노력으로 편집권의 완벽한 독립을 누릴 수 있었던 신문이었다는 점에서, 프랑스 언론사에서 하나의 귀감으로 남아 있다.

1940년 6월 22일 프랑스 군대는 제대로 저항해 보지도 못한 채 독일군에 백기를 들고서 휴전협정에 조인했다. 이를 두고 흔히 '이상한 패배' 혹은 '와해'라 불렀다. 이어 7월 10일에는 프랑스 의회가 1차 세계대전의 영웅인 페탱 원수에게 전권을 위임하기로 결정했다. 비시에 자리잡은 패탱 정부(또는 비시 정부)는 1944년 8월 20일 파리가 해방되는 날까지 독일에 부역 정책을 실시하게 될 것이다. 비시 정권의 지지 세력은 크게 평화주의자들과 극우파로

나눌 수 있다. 1938년 9월의 굴욕적인 뮌헨 협약을 순순히 받아들였던 평화주의자들이 있었다. 이러한 평화주의 정신은 2차 세계대전이 발발하자 결국 패배주의 정신의 단면으로 귀결되었고, 이를 일컫는 '뮌헨정신'이라는 표현은 프랑스 지성사에 하나의 오점으로 남게 되었으며, 오늘날에도 굴욕과 패배주의를 상징하는 정치적 용어로 쓰이고 있다. 한편, 샤를 모라스로 대표되는 극우파가 부역 정책을 펼친 비시 정권을 지지한 것은 당연한 일이었다. 모라스를 비롯해서, 드리외 라 로셸, 로베르 브라지약, 조르주 쉬아레즈, 뤼시앙 콩벨 등 극우파 지성인들은 「그랭구아르 *Gringoire*」, 「즈 쉬 파르투 *Je suis partout*」, 「프랑스행동 *Action françaises*」, 「국가혁명 *Révolution nationale*」, 「시대 *Le Temps*」, 「오늘 *Aujourd'hui*」, 「아침 *Le Matin*」 등의 신문이나 잡지를 동원해서 부역을 고취할 뿐만 아니라 레지스탕스와 저항 지성인을 공격하고 고발하는 데에 앞장섰다. 해방이 되자 이들이 숙청 대상이 된 것 역시 너무나 당연한 일이었다.

1944년 8월 21일 월요일. 「투쟁」지 제59호가 파리 시내에서 공공연히 팔리기 시작했다. 다시 말해서 파리가 해방된 것이었다. 사르트르는 '파리 산책'이라는 제목으로 「투쟁」지에 게재한 연재 리포트에서 해방된 파리의 모습을 격정적인 문체로 담아내고 있었다. 해방의 기쁨을 만끽하는 사람들이 있는 반면에, 두려움에 떨며 해방을 맞이하는 사람들도 있었다. 지성계도 예외는 아니었다. 나치에 부역했던 우파 지성인들은 국외로 도피하거나 초조하게 심판의 날을 기다려야 했다. 이와 반대로 레지스탕스에 가담했던 지성인들은 가차없는 정의의 심판을 요구했다.

반역 지성인들에 대한 숙청이 시작되면서, 숙청을 둘러싸고 1944년 9월부터 1945년 2월까지 모리악과 카뮈 사이에 벌어진 치열한 논쟁은 유명한 일화로 남아 있다. 60세의 모리악은 전형적인 가톨릭 부르주아 작가로서 프랑스 전통 우익을 대변하는 「르 피가로」지의 논설을 통해 지성인 숙청의 지나침과 부당함을 지적하며, 민족 화합의 차원에서 "그리스도의 자비"를 베풀어야 한다고 주장했다. 반면에, 레지스탕스 활동을 하다 두 번에 걸쳐 게슈타포에게 붙잡힐 위기를 넘겼던 31세의 청년 작가 카뮈는 저항 지성인들의 대변지인 「투쟁」의 사설을 통해 배신자와 반역자들을 "인간의 정의"에 따라 엄격하게 처벌해야 한다고 역설했다. 카뮈가 줄기차게 정의의 심판을 역설하는 데 반해서, 모리악은 "적이 우리에게 행한 짓을 우리는 하지 말자. 적보다는 고양된 도덕성을 가지고 우위에 있어야 한다. 심판하자. 하지만 인간으로서의 실수할 권리를 인정하자"라고 강조했다. 또한 모리악은 "카뮈가 자비를 경멸하고 증오를 부추긴다"고 공격했고, 더 나아가 "도도하고 고귀한 영혼"이라고 인신 공격까지 퍼부었다.

독실한 가톨릭 신자인 노(老) 기자 모리악의 공격에 맞서, 무신론자인 청년 기자 카뮈는 「투쟁」지 1945년 1월 11일자 사설 '정의와 자비'에서 다음과 같이 응수했다. "내가 숙청을 언급하면서 정의를 외칠 때마다 모리악은 자비를 말한다. 내가 정의를 부르짖는 것이 마치 증오를 대변하고 있는 것처럼 얘기하면서, 모리악은 우리가 예수의 사랑과 인간의 증오 둘 중에서 하나를 택해야 하는 것처럼 말한다. 우리는 단지 치욕 없는 진실을 원할 뿐이다. 바로 이런 이유 때문에 자비가 차지할 자리가 없다는 것을 지적하는 것이다. 내가 단지 모리악에게 말하고 싶은 것은, 조국을 죽음으로 이끄는 두 개의 길이 있는데, 증오와 용서의 길이라는 것이다. 나는 증오에 대해서는 일말의 애착도 없다. 인간으로서 나는 반역자를 사랑할 줄 아는 모리악을 존경하지만, 한 시민으로서 나는 모리악을 불쌍히 여긴다. 왜냐하면 이러한 사랑은 우리에게 반역자와 졸개들의 국가를, 우리가 원하지 않는 사회를 안겨줄 것이기 때문이다. 결론적으로는 모리악은 내 얼굴에 예수 그리스도를 던지고 있다. 이점에 있어서 나는 분명하게 말하고자 한다. 우리는 마지막 순간까지 인간의 정의를 좌절시키려는 자비를 거절할 것이다."

카뮈는 1944년 10월 25일자 사설에서도 이미 "온 국민에 관련된 진실이 문제가 될 때, 정의가 해야 할 일은 자비를 침묵시키는 것이다. 바로 모리악이 말하는 자비를 말이다"라고 강조하면서, "인간의 정의가 너무나 불완전하긴 하지만, 우리가 선택한 것은 바로 이 불완전한 인간의 정의를 완수하기로 한 것이다"라고 역설한 바 있었다. 결국, 카뮈가 강조하고자 한 것은 숙청을 통해서 "치욕

없는 진실"이 밝혀지고, "인간의 정의"가 승리해야 한다는 것이었다. "그래야 내일, 증오가 아니라, 기억에 근거한 정의가 말을 하게 될 것이다." 그렇지 않으면, 진실과 정의에 바탕을 둔 새로운 사회를 건설할 수 없다는 것이었다. 숙청은 곧 미래를 위한 과거 청산이었다. 이러한 카뮈의 입장은 「프랑스 문예」지의 입장이기도 했다. 「투쟁」지와 더불어 지성인 숙청을 주도하던 「프랑스 문예」지의 클로드 모르강은 "숙청 없이는, 다시 말해서 프랑스 국민 모두가 기대하고 요구하는 정의가 구현되지 않는다면, 그 무엇도 가능할 수 없을 것이다"라고 역설했다.

요컨대, 숙청은 진실, 정의, 미래의 문제였다. 다시 말해서, 숙청은 역사적 진실을 기록하기 위한 것이었고, 정의의 승리를 부르짖기 위한 것이었고, 프랑스의 미래를 건설하기 위한 것이었다. 바로 여기에 숙청의 모든 정당성이 근거하고 있었다.

이 책을 번역하는 동안 내내 역자의 머리에서 맴도는 것이 있었다. 우리의 과거사 청산 문제였다. 프랑스와는 달리, 불행하게도 우리는 해방 직후 일제 부역자들에 대한 '숙청'을 하지 못했다. 다시 말해서, 진실을 밝히지도 정의를 세우지도 못했다. 그 결과는 독재로 이어지는 불행한 미래를 낳은 것이었다. 우리에게는 치욕의 역사가 있다. 덮어둔다고 해서 치욕의 역사가 영광의 역사로 둔갑하는 일은 결코 없다. 하지만 치욕의 역사를 치욕의 역사로 남기지 않을 수는 있다. 그러기 위해서는 치욕을 있는 그대로 드러내어 정의의 심판을 받도록 해야 한다. 정의의 심판을 받고 나면, 그때는 적어도 '치욕'이라는 말을 역사로부터 떼어낼 수 있고, 또한 치욕을 유산으로 물려주지 않을 수 있다. 그렇다면 왜 치욕의 역사를 청산하지 않으면 안 되는가? 1944년 9월 9일자「프랑스 문예」지가 그 대답을 우리에게 던져주고 있다.

"우리의 모든 과거의 불행은 반역을 처벌하지 못한 데서 온 것이다. 오늘 또다시 처벌하지 않는다면, 주모자들을 처단하지 못한다면, 커다란 위험이 닥칠 것이다. 어제의 죄를 처벌하지 않는 것은 곧 내일의 죄를 부추기는 것이다."

2004년 11월

이기언

차례

- 옮긴이의 말 ······ 5
- Ⅰ. 말의 무게 ······ 21
- Ⅱ. 숙청 일지 – 1944년 8월에서 1945년 12월까지 ······ 45
- Ⅲ. 지성인과 책임 ······ 129
- Ⅳ. 성공한 숙청이란? ······ 217
  - 부록 ······ 233
  - 일지 ······ 253

일러두기

1. 이 책의 원본에는 저자의 각주가 있다. 이 각주는 신문, 잡지, 일기, 회고록, 재판기록 등의 인용문에 대한 출처를 밝히는 것이다. 하지만 가독성을 위해서 원문의 각주는 모두 생략했다. 그 대신에 독자의 이해를 돕기 위해 간단한 역주를 달았다. 따라서 이 책의 각주는 모두 역주임을 밝혀둔다.
2. 이 책의 내용의 일부는 출판사의 사정으로 삭제되었다. 이 점에 대해서 역자에게는 아무런 책임도 없음을 밝힌다.

I
말의 무게

〰 〰 〰

합리적으로 생각할 때, 1944년에서 1945년까지 프랑스에서 벌어진 숙청의 역사에 관한 책이라면 당연히 지난 4년의 점령기간 이야기에 절반을 할애해야만 할 것이다. 사실, 어떤 잘못을 저질렀는지를 분석하지 않고서는 벌을 논할 수 없다. 부역 작가에 대한 기소 내용을 보면 일반적으로 그가 쓴 기사나 책 혹은 강연들을 취합하고 이에 대한 반대 의견을 첨부하고 있다.

하지만, '금세기의 기억'이라는 총서의 취지에 맞춰, 부역의 역사에 대해서는 언급하지 않을 것이다. 그러기 때문에 무엇보다도 이 책의 독자들은 이 시기의 사건과 인물들에 대해 잘 알고 있는 이들로 간주하고자 한다. 리옹 *Riom*[1] 법정에서의 사법 패러디(1942년

---

1) 프랑스 중부 오베르뉴 지방의 퓌-드-돔 도(道)에 있는 도시.

2월부터 4월까지 블룸, 달라디에, 가믈랭 등 패배의 책임자들을 심판한 다고 떠들었던), 일명 특무대 사건의 법률 스캔들(파리 고등법원이 1941년 8월 소급입법을 적용 "테러리스트들[2]"을 심판해서 사형선고를 내린 일), 친독의용대가 저지른 범죄들, 인질 정책, 마구잡이식 체포와 대대적인 강제수용소행 등을 염두에 두고 있지 못하는 독자는 숙청이라는 현상을 제대로 파악할 수 없다. 숙청은 자연발생적인 것이 아니라, 4년간의 불-불 전쟁의 반대급부에서 나온 것이었다.

숙청? 로베르 사전은 숙청을 배제, 추방, 단죄의 동의어로 간주하면서 "어느 단체나 정당 또는 사회에서 바람직하지 못하다고 판단되는 구성원을 제거하는 것"이라 정의하고 있다. 또한 이 사전에 따르면, '숙청 *épuration*' 이라는 낱말은 1835년에 탄생했고, '숙청주도자 *épurateur*' 라는 낱말이 정치에 처음으로 등장한 것은 1792년이라고 명시하고 있다. 해방 직후에 부역자들은 '숙청'을 전형적인 공산당 용어라고 주장했는데, 그들은 비시 정부의 공식 문서들이 행정과 언론 등을 '정화한다 *épurer*' 라고 표현했던 사실조차 망각하고 있었던 셈이다. 툭하면 이념 논쟁을 벌이는 프랑스와 같은 나라에서는, 지성인들에 대한 정치적 숙청은 최대한의 의미를 가지

■■■■■

[2] 레지스탕스에 가담한 저항 투사들을 일컫기 위해서 비시 정권이 사용했던 표현.

게 된다. 그래서 이념에 비해서 역사적 사실들은 부차적으로 취급되기 마련이다. 바로 이런 이유로 해서 지성인 숙청은 경제인 숙청보다 훨씬 더 강력할 수밖에 없었던 것이다.

어떤 지성인들인가? 무엇보다도 기자와 작가들이다. 지성인이란 개념을 거론하면 으레 사르트르와 말로, 쥘리앙 방다와 레이몽 아롱이 등장하곤 한다. 하지만 우리는 그런 이론적 논쟁에 빠져들지 않고서, '지성인'에 대한 가장 고전적인 정의, 즉 "지성 *intelligence*에 관련된 자"를 염두에 둘 것이다. 왜냐하면 외국 군대에 의해 점령된 한 국가의 경우에는 특히 이 개념의 양의성[3]이 문제가 되기 때문이다. 그렇다고 해서 이들 가운데 어느 특정인의 지적인 능력이나 교양 혹은 통합 정신에 대한 가치판단을 담고 있는 것은 아니다. 이를테면, 프랑스에서 태어나고 프랑스 국적을 가졌지만, 신념에 따른 유럽주의자이고 필요에 의해서 친독파인 자도 있었다.

같은 범주에 속하고 동일한 성향을 지닌 작가나 기자인데도, 가치가 다르고 재능도 상이하고 영향력도 천차만별이었다. 가령, 샤를 모라스[4]는 책임이 막중한 정신적 지주였던 데 비해서, 슈투트

---

[3] 프랑스어 *intelligence*(영어로도 *intelligence*)에는 '지성'이라는 의미 외에 '적과의 내통' 또는 '공모'라는 의미도 있다.

가르트 라디오 직원이었던 페르도네는 보잘것없는 인물이었다. 그들에게 공통점이 있다면, 이념(정치적 이념은 물론이고 문학이나 예술 분야에서도)을 생산해서 글이나 전파를 통해서 수십만 동포들에게 전달할 수 있는 힘을 가지고 있다는 것이었다. 그러한 지적 능력과 권력 덕분에, 그들은 이런저런 신념들을 퍼뜨려서 추종자들을 만들어냈고, 다른 사람들의 운명을 좌우할 수 있었다. 이런 점에서 그들은 특히 배우와 연극인들과는 달랐다. 배우나 연극인들은 '지성'에 호소하기보다는 동시대인들의 감성이나 취향 또는 도덕성에 호소하는 형편이어서 영적인 지도자나 정신적 지주 또는 이데올로기 전파자로서의 지위를 누릴 만한 영향력을 도무지 지닐 수가 없었다.

휴전협정[5]과 해방[6] 사이 기간에 저지른 잘못 때문에, 1944~1945년에 사회의 지탄을 받았던 작가와 기자들 가운데는 정부에서 고위직을 역임했던 자들(페르낭 드 브리농, 자크 브누아-메솅, 마르셀 데아 등등)도 있었고, 부역(附逆) 정당의 참모부에서 핵심 역할을

■■■■■

4) 드레퓌스 사건 이후, 프랑스 우파 지성계의 거두로 막강한 영향력을 행사했고 수많은 추종자들을 거느렸던 작가.
5) 1940년 6월 22일, 프랑스군이 항복함으로써 독일과 프랑스 사이에 휴전협정이 체결되었다.
6) 1944년 6월에 연합군이 노르망디에 상륙했고, 1944년 8월 말에 파리가 해방되었다.

담당하던 자들(조르주 알베르티니, 레이몽 아벨리오 등등)도 있었다. 이들은 우리의 주제에서 벗어난다. 왜냐하면 그들을 숙청 대상에 올린 것은 그들의 정치적 지위였지 지성인으로서의 참여가 아니었기 때문이다.

글은 남고, 말은 …
위와 같은 혼란기에는 더욱 그러했다. 국가 혁명 혹은 유럽의 혁명을 지지했던 책과 신문기사들은 반역의 상징과도 같았다. 그런 책과 기사를 쓴 자들은 기억에 생생하게 남아 있었다. 반면에 패배와 부역(附逆, 조국에 반역하는 행위)에 책임 있는 정치인과 군인들의 이름은 이미 잊혀진 상태였다. 40년이 지난 지금, 역사학자들은 잡지 「즈 쉬 파르투 *Je suis partout*」에 대해서 모든 것을 알지만, 대서양 장벽을 건설한 토트 *Todt* 조직에 대해서는 아는 게 거의 없다. 카탈로그를 통해서 점령기의 연극활동에 대해서는 알고 있지만, 민간인들을 체포하고 수용소로 보내는 과정에서 경찰과 군경이 담당했던 정확한 역할에 대해서는 모르고 있다.

해방 직후에는 점령기 지성인들의 일상생활이 역사책의 주제가 되지 못했다. 그건 기억 속에 자리잡은 현실이었다. 추방당하거나 수용소에 끌려가 파리에서 멀리 떨어져 있어서 당시의 상황을 잘 모르던 이들은 어떻게 4년 동안이나 대부분의 작가들이 독일군과 함께 지낼 수 있었는지 놀라워 할 뿐이었다.

　패배[7] 직후, 지성인들은 프랑스 전역으로 흩어졌다. 여름이었다. 하지만 곧 개학철이 다가왔다. 여느 때와 다름없는 개학철이었다. 출판사들의 경쟁은 그 어느 때보다도 치열했다. 베르나르 그라세와 로베르 드노엘이 파리로 돌아와 다시 출판사 문을 열자, 가스통 갈리마르도 가만히 있을 수 없었다. 게다가 갈리마르 출판사 소속의 많은 작가들이 영업 재개를 부추겼다. 당시에 정상적으로 운영되는 출판사는 작가들에겐 저작권료가 정기적으로 들어오는 창구였다. 이러한 처지에서는 전쟁, 점령, 식량보급, 협력이 중시되지 않았다.

　1940년 9월 28일, 프랑스 출판계는 대독 협력을 자처했다. 히틀러와 페탱이 몽투아르에서 만나 불-독 양국간의 정치적 협력을 체결하기 한 달 전이었다. 심지어 출판계는 점령자의 기대를 앞질러 나갔다. 거의 모든 출판사가 가입된 조직인 프랑스 출판업자 노동조합의 회장은 독일선전부 책임자들과의 사전검열 협약에 서명했다. 점령된 프랑스에서 프랑스 사상의 전파를 제한하고 있는 이 문건에 따르면, "독일의 권위와 이익에 해를 입힐 수 있는" 그리고 "독일에서 판금된" 작가의 어떤 책도 출판하지 못하도록 되어 있었

---

7) 1940년 6월 22일 프랑스군의 항복을 일컬음.

다. 따라서 출판업자는 스스로 검열관이 되어야만 했다. 만일 출판업자가 확신하지 못할 경우, 독일선전부의 문학담당 검열부에 의뢰하도록 되어 있었고, 어쨌든 이 부서에 모든 신간과 재판을 2부씩 제출해야만 했다.

사전검열 협약이 체결되자, 첫 번째 '오토 리스트'(독일 대사 오토 아베츠의 이름을 딴)가 나돌았고 거의 모든 출판사가 이 리스트를 수용했다. 하나의 예외가 있었는데, 알랭 푸르니에의 소설 『몬 대장』을 출간한 에밀-폴 출판사였다. 오토 리스트의 목적은 해당 서적들을 서점에서 회수하고 배포를 금지하는 것이었다. "의도적으로 프랑스 일반 대중의 여론을 악화시킨 책들, 특히 정치적 망명자나 유태인 작가의 출판물이 그 대상이다. 이들은 프랑스가 그들에게 베푼 호의를 거역해서 파렴치하게도 개인적인 목적을 달성하기 위해 전쟁을 이용해서 이득을 챙기고자 하는 자들이다." 곧이어 유태인 작가들, 레지스탕스 활동이 의심되는 작가들, 런던의 드골 지지자들을 지원하는 작가들, 그리고 특히 독소 협약 파기 이후에는 공산주의 작가들이 추가되었다.

제2, 제3의 리스트로 이어질 오토 리스트는 출판계가 자발적으로 치른 대가에 해당했다. 계속해서 정상적으로 영업하기 위해서는 받아들일 수밖에 없었다. 고분고분하게 따르지 않는다면, 원고 검열 인증서를 발급해 주지 않았다. 독일선전부의 직인이 없으면, 종이가 분배되지 않았다. 종이가 없으면, 출판사도 없다. 출판사가 없으면, 저자들도 없다. 그래서 파리의 대형출판사들도 기피인물로 찍힌 편집위원들을 솎아내야 했다. 이렇게 쫓겨난 편집위원들 가운데 남불의 자유 지역에서 양을 치며 살아가야 했던 이들은 그래도 생계비를 벌 수 있었으나, 그 나머지 사람들은 그렇지 못했다.

이러한 검열과 자체검열 제도는 비밀이 아니었다. 책 원고뿐만 아니라 독일선전부에 의해 날마다 지명되는 일간지의 마지막 교정쇄에도 적용되었다. 책을 출간하는 작가와 기사를 쓰는 기자는 누구나 다 어떤 절차를 밟아야 하는지를 알고 있었다. 출판사는 그런 절차에 대해 문제조차 삼지 않았다. 첫 2년간의 점령기에 출판사들은 어마어마한 사업 실적을 올렸다. 왜냐하면 다른 오락거리가 없던 대중들이 닥치는 대로 책을 읽었기 때문이었다. 가령, 암시장에서 카프카의 영어판이나 『바람과 함께 사라지다』의 번역본은 그야말로 금값이었다. 전쟁 이전에 창고에 쌓여 있던 재고도 금세 바닥이 났다. 수요가 공급을 훨씬 능가하는 상황에서 재고라는 개념은 별 의미가 없어졌다. 하지만 1942년 말 이후에는 종이 할당량이 점점 더 줄어들었으므로, 사업이 그다지 잘 되지는 않았다.

작가와 기자들에게 책임 문제는 거의 제기되기 않았다. 아무튼 공개적으로는 결코 문제되지 않았고, 사석에서도 매우 미미했다. 책임 문제에 관한 단상(斷想)은 당시 매일 써두었던 원고(일기, 회상록 등)들이 전후에 출판되면서 찾아볼 수 있을 뿐이다. 장 게에노의 『암흑기의 일기』가 그 한 예다. 불명예를 감수하지 않으려고 독일군의 검열에 원고를 넘기지 않고 있다가 점령이 끝나기를 기다린 작가들은 몇 안 되었다. 저항자이든 부역자이든, 아니면 또 다른 부류에 속하든, 대부분의 작가들은 1940년 가을 이후 정착된 시스템에 익숙해져 있었다. 비록 그렇게 생각하지 않는 일부 작가들이 있긴 했고, 또한 소설이나 에세이 혹은 연극 작품 속에 독일검열관을 무시하고서 체제전복적인 메시지를 담으려는 환상을 품고 있던 몇몇 작가들도 있긴 했지만 말이다.

한편, 피에르 드 레스퀴르와 장 브륄레(일명 베르코르)는 지하에서 미뉘(Minuit) 출판사를 창설했다. 수공으로 제작된 작은 책들을 발간했는데, 익명의 저자들이었다. 하지만 이 익명의 저자들은 같은 시기에 그라세 출판사나 갈리마르 출판사에서 책을 내고 있던 유명 작가들이었다. 이 익명의 책들이야말로 그 내용상 정말이지 체제전복을 꾀하는 책들이었다. 1942년 2월에 출간된 베르코르의 『바다의 침묵』[8]과 몇 달 뒤 등사기로 인쇄된 「프랑스 문예」지 지하

---

8) 베르코르(본명 장 부륄레)는 평범한 삽화가였다. 1941년 여름 어느 날, 파리 시내를 걷다가 그는 작가이자 문학비평가인 앙드레 테리브를 우연히 만났다. 테리브가 친독작가라는 사실을 잘 알고 있던 베르코르는 그와의 만남을 달갑지 않게 생각했다. 그런데 테리브는 "윙거와 같은 독일작가들과는 말이 통한다"고 하면서 허리춤에 끼고 있던 윙거의 작품 「정원과 길」을 건네주었다. 집에 돌아와서 이 책을 읽은 베르코르는 고등학생 수준이면 누구든지 독일정신을 찬양하는 글을 쓸 수 있다는 사실을 깨닫고, 프랑스 국민들을 위해서 무엇인가 써야겠다고 결심했다. 이러한 단순

판은 산소 주머니와도 같은 것이었다. 점령이 절정에 달했던 시기에 지하단체로 창설된 전국작가협의회(전작협)에는 비슷한 성향의 작가들이 참여했다. 정치적 견해는 문제되지 않았다. 장 폴랑, 프랑수아 모리악, 장 게에노, 에디트 토마, 알베르 카뮈, 장-폴 사르트르, 시몬 드 보부아르, 엘자 트리올레, 루이 아라공 등 수많은 작가들이 이 비공식 조직에 참여했다. 이 조직은 훗날 해방을 맞이하게 되자 점령 하에서보다는 그 위상이 훨씬 더 부각되고, 그 구성원들이 내린 결정사항들도 훨씬 더 선명성을 띠게 될 것이다.

점령군의 철저한 탄압으로 인해 전국작가협의회는 개인의 아파트에서 회합을 가져야 했다. 그리고 이 회합에서 오고간 말의 흔적을 글로 남기지 않으려고 조심해야 했다. 이를테면, 문학상을 수상하거나 어느 기관지에 기사를 쓰는 등 어떤 특정한 상황에서 취해야 할 행동에 대해서 전작협의 회원들 간에 약속된 언어상의 '우리(on)'는 많은 것을 의미했다.

파리가 해방되고, 전작협이 엘리제 궁 뒤에 있는 멋진 저택을 차출해서 사무실을 내고, 아라공이 전권을 휘두르게 되자, 소위 '낭만기'의 연막전술은 사라지게 되었다. 전작협은 부역에 연루된

한 동기에서 출발해서 삽화가 장 부뤨레가 쓴 작품이 바로 대독저항운동의 상징이 된 『바다의 침묵』이다.

동료들을 색출하는 데에 가장 적극적이고 가장 첨예하게 대응했다.

기자와 작가들은 그들의 인지도 때문에 희생양으로 삼기가 쉬웠다. 그들은 막강한 금권력의 비호를 받지도 못했고, 국가 재건에 필요한 경제적 관건도 되지 못했던 만큼, 더욱 명백한 제물이 될 수밖에 없었다. 해방 직후에 흘린 피와 고문에 대해서는 1945년부터 수많은 이야기들이 터져 나왔지만, 아주 조심스럽게 접근해야 하는 게 마땅할 것이다. 어떤 이야기들은 거짓 정보로 가득 차 있고, 내용에서나 형식에서나 과장되어 있어서 억지로 꾸며낸 것들이었다. 오히려 죄수에게 동정심을 느끼도록 부추기는 이야기들이 많았다. 수염은 덥수룩하고, 두 눈은 충혈되어 빨갛고, 굶주려서 깡마르고, 누더기를 걸치고 있는 죄수. 두드려 맞고 고문당하고 목숨을 위협당한 죄수. 모욕과 경멸에 시달린 죄수. 그림 자체는 대개 사실적이다. 하지만 이런 유의 회고록을 쓴 필자들은 경솔하게도 마치 숙청이 평화기나 안정기에 뒤이은 사건처럼 기술하고 있다. 그들은 파리 경찰의 대대적인 유태인 검거, 친독의용대에 의한 학살, 수용소 보내기, 4년 동안 프랑스 전역의 교도소에서 벌어진 약식 처형 등을 너무나 순순히 받아들였던 자들이었다. 바로 이들이 공개리에 한 여인이 삭발당하자 당연하다는 듯이 반항의 깃발을 들었고, 어느 마을의 유명한 부역자들이 처단당하자 반발했다. 너무나 기회주의적인 그들의 분노는 고려 대상이 못 된다. 당시에 사용되던 말 그

대로 인용해서 "해방자-살인자들"의 잘못을 지적하기에 앞서 게슈타포의 잘못을 비난했었다면, 그들의 분노는 가치를 인정받았을 것이다.

1942년과 마찬가지로 1945년에도 언론은 당시 상황을 가늠하는 최고의 척도이다. 모든 것이 언론에 들어 있다. 위기와 내전의 이 시기에 언론의 영향력은 너무나 자명했다. 신문 기사는 사람을 죽일 수도 살릴 수도 있었다. 붓이 곧 무기였고, 서명은 곧 담보였다. 그렇기 때문에 작가와 기자들에 대한 숙청으로 야기된 근본 문제, 즉 지성인들의 책임 문제를 거론하기 전에, 이 숙청의 상세한 일지를 작성하는 게 적절하다고 생각한다. 40년이 지난 오늘에 와서 정당화된 사실보다는 그 당시에 발표된 입장이나 해설 등에 더 비중을 두면서 말이다.

모든 것이 알제리의 수도 알제에서 시작되었다. 점령 초기에 런던의 자유 프랑스인들이 *BBC* 방송을 통해 부역자들에 대한 위협 메시지를 발표하거나 몇몇 도(道)에다 독일군 협조자들에게 징벌을 약속하는 전단들을 뿌리기는 했지만, 레지스탕스가 훗날 숙청의 발판을 마련한 것은 역시 알제에서였다.

휴전협정 이후 처음으로 1943년 1월 모로코의 안파(*Anfa*)에서 대면했을 때부터, 지로[9]와 드골은 다른 어떤 문제들에서보다도 더 숙청 문제에 대해 이견을 나타냈다. 왜냐하면 지로가 생각하기에

"핵심은 숙청하는 게 아니라 통합하는 것"이기 때문이었다. 자신의 주장을 설득시키기 위해서, 지로는 처칠이 장차 전후 프랑스에서의 숙청에 반대하고 있다는 점을 내세우기도 했다. 처칠은 다른 생각을 하고 있었는데, 숙청의 효용성도 숙청의 정치적 시의성도 없다고 생각했다. 1943년 당시 알제의 상황에서는 숙청이 단지 이론적 논쟁만이 아니었다는 사실을 상기해야 할 것이다. 왜냐하면 좀더 구체적으로는 지로 장군의 측근들을 어떻게 취급해야 할 것인지가 문제였기 때문이다. 가령, 베르주레 장군은 비시 정권의 공군부장관이었고, 노게스 장군은 북아프리카의 작전사령관으로서 1942년 11월 연합군의 상륙 때에 저항을 주도하려 했던 자이고, 마르셀 페이루통은 비시 정권에서 내무부의 요직에 해당하는 식민 행정관이었다가 1943년 초에 알제리로 건너와 식민지 정부 수반이 된 인물이었다.

얼마 전까지만 해도 비시 정권에 협력했던 전력을 가지고 있다가 지로 장군에게 합류한 이자들을 어떻게 할 것인가? 망각? 용서? 아니면 엄벌? 바로 이런 연유로 해서 알제는, 역사학자 로베르

---

9) 앙리 지로(*Henri Giraud*) 장군은 1940년 5월 독일군에 체포되어 포로수용소에 수감되었다가 1942년 4월 탈출한 후, 북아프리카 프랑스군 통수권자가 되었다. 드골 장군과는 적대적인 관계였고, 드골 장군의 영향력에 밀려 1944년 4월에 가서는 사임해야 했다.

아롱의 말을 빌리면, "숙청의 시험대"였던 것이다. 점령당한 프랑스에서는 숙청에 많은 것을 기대하고 있었다. 일부 부역자들은 할 일이 너무 많고 너무 낙관적이던 나머지 그런 사실을 알아차리지 못했다. 하지만 국내의 레지스탕스는 자유 프랑스인들[10] 쪽에서 자신들이 당하는 위협과 거듭되는 경고에 대응해주기를 고대하고 있었다. 적법성은 아니더라도 일종의 '정당성'을 자유 프랑스인들에게 부여함으로써 그들을 신뢰할 수 있도록 하려는 것이기도 했지만 말이다.

1943년 봄, 아카데미 공쿠르에서 강력한 영향력을 행사하는 장 아잘베르, 르네 뱅자맹, 사샤 기트리는 작고한 레옹 도데의 후임으로 페탱 지지자이면서 「르 프티 파리지앵 *Le Petit Parisien*」지에서 일하던 장 드 라 바랑드를 선출했다. 그러자 자크 드뷔-브리델은 지하 출판물인 「프랑스 문예」지에 다음과 같은 글을 썼다. "아카데미 공쿠르는 훗날 보복을 당하게 될 것이다. 바로 지금부터 이 사실을 명확히 해 두는 게 필요하다."

1943년 8월 8일, 카사블랑카. 프랑스국가해방협의회(*CFLN*)의 이름으로, 드골은 비시 정권을 격렬하게 비난하는 담화문을 발

---

10) 당시 런던에서 독립운동을 하던 프랑스인들을 지칭함.

표했다. 이 담화문에서 드골은 프랑스 국민들이 따라야 할 지침을 제시했다. "그런 자들에 대해선 '반역'이라는 단 한 마디면 족하다. 그런 자들에게는 '법의 심판' 밖엔 남아 있지 않다. 클레망소[11]는 국가가 보호되었다는 것을 알게 될 것이라고 말한 바 있다. 우리는 말하리라. 훗날, 국가를 반역한 자들이 보복당했다는 것을 알게 되리라고."

보복? 보복이라는 말이 나왔다. 당시 드골은 자신의 정당성을 인정받고 연장시키기 위한 정지작업을 하고 있었다. 예를 들어, 국가 안위 침해죄로 사형을 선고 받은 자들을 위한 사면 조항을 부활시키기도 했고, 프랑스국가해방협의회에 숙청위원회를 설치하는 행정명령을 추인하기도 했고, 전문법률가를 법무부 자문위원으로 임명하기도 했다. 도발자는 달로즈[12] 법전에 도움을 청한다고 하던가! 실제로 이런 인상을 깊게 받은 것은 9월 7일 프랑수아 드 망통 공작이 법률자문위원으로 임명될 때였다. 그는 43세의 법학자로 점령 초기 2년간 리옹 대학의 정치경제학 교수를 지냈던 인물이었다. 드골이 프랑수아 드 망통을 임명한 것은 사람에 대한 단순한 믿

---

11) 조르주 클레망소(*Georges Clémenceau* : 1841~1929). 프랑스의 정치가. 드레퓌스 사건 당시 졸라와 함께 드레퓌스파의 중심 인물이었고, 장관직과 총리를 여러 차례 역임했다.
12) 법률 서적을 전문으로 출판하는 프랑스 출판사.

음이나 무책임한 처사가 아니었다. 장 라쿠튀르의 표현을 빌리면, "도발자"의 의지가 담겨 있는 것이었다. 훗날 불법 딱지를 받을 수밖에 없다는 것을 이미 알고 있으면서도, 적법성의 허울과 원칙을 부여하려는 것이었다. 역사가의 기질이 너무나 풍부했던 드골은 해방기가 평화로우리라고는 생각할 수 없었던 것이었다.

1943년 말, 드골 측근들 가운데 여러 인사들이 표명한 입장들을 살펴보면, 어떤 점에서 이 논쟁이 이미 치열했던가를 알 수 있다. 장관직을 지낸 바 있는 뱅상 오리올은 알제자문의회의 의원이었다. 그는 신문에 기고한 글에서 공화국 법률과 적법성을 존중하는 데는 찬성하지만, 과도한 숙청에는 반대하며, 또한 시대와 범죄의 예외적인 성격에도 불구하고 예외적인 심판에는 반대한다고 밝혔다. 이와는 반대로, 상기 자문의회의 또 다른 의원인 사회당 의원장 피에르-블록은 "레지스탕스는 살인자들을 용서하지 않을 것이다"라고 하면서 가차없는 숙청을 주장했다. 그는 저항투사들과 마찬가지로 단순히 숙청이라는 위협을 무자비한 살해행위를 중지시키기 위한 설득의 무기로 사용하려 하지 않았다. 그는 모든 뉘앙스를 거부했고, 비시 정권 지지자들이 반(反) 독일 인사가 될 수도 있다는 것을 아예 상상조차 하고 싶지 않았다. 이중간첩 행위? 도대체 무슨 놈의 이중간첩! 그의 눈에는 오로지 두 진영, 즉 그들 아니면 우리들이 있을 뿐이었다. 따라서 '우리들'은 숙청을 감행할 것이다. 다시 말해서, '우리들'이 주인이 되었을 때, '우리들'은 그들을 총살하게 될 것이다. 같은 시기에 파리와 리옹 그리고 프랑스 곳곳에서는, 지하 감옥에 갇힌 애국자들이 고문당한 뒤 아무런 법적 절차 없이 처형당하고 있었다.

때마침, 알제로부터 강력한 경고가 날아들었다. 잠재적 숙청대상자들에 대한 경고였다. 사형 선고로 막을 내린 재판 소식이 전해졌던 것이다. 다름 아닌 퓌쵀*Pucheu* 사건이었다. 파리고등사범 출신인 피에르 퓌쵀(당시 44세)는 철강업계에서 인정받는 전문경영인이었고, 비시 정권에서는 1942년 4월 스페인으로 건너가기 전까지 산업생산부장관에 이어 내무부장관을 역임했었다. 지로 장군의 수하에 들어가기 위해서, 그는 지로 장군과 접촉한 뒤 북아프리카로 건너왔다. 모로코에 도착한 직후, 그는 가택연금 되었다가 교도소로 이송되었고, 반역죄와 불법체포죄로 기소되었다. 그는 알제의 혼란한 정치상황의 '희생자'였고, 앙숙인 지로와 드골의 경쟁관계의 '희생자'이기도 했다. 그는 전쟁터에서는 물론이고 참모부에 불어닥친 매우 급박한 상황 전개로 인해 또다시 희생자가 되어야 했다. 왜냐하면 그가 지로 장군에게 편지를 했던 때와 그가 감옥에 갇힌 때 사이에는 매우 긴박했던 여러 달이 흘렀는데, 이 사이에 북아프리카에서 지로가 "제2의 비시"를 구성함으로써 "새로운 형태의 부역 스캔들"이 있었기 때문이다. 게다가 같은 시기에 알제에서는 최근에 합법화된 공산당이 제1의 정치세력으로 부상해 있었다. 다른 어느 누구보다도 공산주의자들은 피에르 퓌쵀가 어떤 자인지를 잊지 않고 있었다. 퓌쵀는 외국인배척주의자이자 반유태인주의자인 도리오가 만든 극우정당인 프랑스대중당(*PPF*)의 당원으로 공산주의자들에게는 오래 전부터 척결해야 할 숙적 가운데 하나였다. "비시 정권의 브레인"이라는 감투—물론 이것만으로도 그를 처벌하기에 충분한 요건이 되긴 했지만—보다도, 공산주의자들이 보기에 특히 그는 낭트와 샤토브리앙에서 총살당한 인질들의 리스트를 작성하고 서명한 페탱의 경찰을 통솔했던 책임자였다.

이것만으로도 그를 심판하기에는 충분했다. 드골이 보기에도 마찬가지였다. 물론 드골에게는 퓌쵀 사건이 부역자들에 대한 경고를 넘어서서 지로 장군을 좀더 확실하게 밀어내기 위한 공작전술이긴 했지만 말이다. 1944년 3월 알제의 군사법정에서 사형 선고를 받은 퓌쵀는 처형되었다. 드골은 '국익'을 이유로 사면을 거부했다. 드골이 사면을 허가했더라면 레지스당스 가담자들은 이해하지 못했을 것이었다. 피에르 퓌쵀가 처형되고 나서 2주 후, 공산주의자들이 프랑스국가해방협의회에 가담했고, 드골은 군통수권자가 되었고, 지로는 들러리로 전락했다.

여전히 점령 하에 있던 프랑스 본토에서는 이제 부역자들이 어떻게 처신해야 하는지를 정확하게 알게 되었다. 지성인들보다는 정치인들이 훨씬 더 이 사건의 진의를 잘 파악한 듯했다. 이 시기의 일들을 기록한 장 갈티에-부아시에르는 그의 일기에 다음과 같이 쓰고 있다. "나는 지하저항단체의 유인물에서 퓌쾨 소송 건을 상세히 읽었다. 가엾은 지로(Giraud). 사형대에서 보여준 퓌쾨의 놀랄 만한 용기." 드리외 라 로셸은 다시 한 번 자아비판을 한다. 주간지 「국가혁명 Révolution nationale」에 게재한 글에서 드리외 라 로셸은 참담한 어조로 자신의 정치적 미망에 대해 고해한다. 물론 이번이 처음은 아니었다. 1942년 말부터 이미 그는 자기가 맡고 있던 「신프랑스지」의 지면에 자신의 괴로운 심정을 암암리에 표현하고 있었다. 왜냐하면 엘 알라마인 전투 이후, 독일이 이미 패배했다는 것을 그는 믿고 있었기 때문이었다. 드리외에게는 물론 부역에 참여한 다른 지성인들에게도 퓌쾨의 처형은 하나의 전조로 보일 수 있었다.

런던과 알제에서는 해방을 준비하고 있었다. 프랑스가 어떻게 해방을 맞이하게 될 것인가에 대해서 생각하고 있었다. 예고한다라고 하기보다는 예견하는 것이었다. 모든 것이 한 가지 문제에서 맴돌았다. 즉, 어떻게 하면 과격한 민중을 다스릴 수 있을 것인가? 아무런 감정도 표출하지 않은 채, 이성적으로 해방을 맞이하리라고는 상상할 수 없었기 때문이었다. 4년간의 치욕과 속박 그리고 굴종으로부터 벗어난 프랑스 국민들이었다. 그런 그들이 증오와 원한, 혐오와 쓰라림을 토해내지 않으리라고는 생각할 수 없는 일이었다. 분노와 슬픔은 합법적인 숙청(소송)에서는 물론이고, 야만적인 숙청(무단 처형)에서도 표출되었다. 1944년 8월, 세 개의 연합세력(저항군, 레지스탕스 도(道)지부, 공화국 위원들)의 지도자들에게 해방은 이제 기정 사실이었다.

    1944년 여름. 소문이 난무했다. 확인할 수 없는 이런저런 정보들이 떠돌았다. 소문에 의하면, 어느 마을에서는 부역자들이 가족과 함께 침대에 누운 채로 살해되었다고 했다. 몇몇 시청의 옥상에는 붉은 깃발이 펄럭인다고도 했고, 프랑스 본토에 수십만의 영국군과 미국군이 진주하고 있음에도 불구하고, 또한 프랑스공산당이 조종했던 저항단체들에 참여했던 수많은 비(非)공산주의자들이 있음에도 불구하고, 일부 지역에서는 공산당이 봉기해서 권력을 잡았다고도 했다. 주민들이 감옥을 점령해서 부역자들을 솎아냈고, 그들의 시체는 다음 날 숲 속에서 발견되었다는 소문도 나돌았다. 일부에서는 저항운동가들의 무장을 해제하려고 생각하고 있던 시기였지만, 드골 장군이 사형수들에게 감면 조치를 내리는 것은 어느 누구도 받아들일 수 없었다. 소문은 무성했고, 일부 정보들은 거짓으로 드러났다. 하지만 너무 늦은 일이었다. 이미 '심판'하고, 형을 선고하고 집행한 뒤였다. 급격하게 돌아가는 상황 속에서 일부 사람들은 자신의 개인적 이득과 국가의 이익을 혼동하기도 했다. 최고형이 지나치게 많아 복수의 악취를 풍기고 있었다.

    직업상의 질투, 두려움, 의혹 등등. 점령기의 악들이 독일군이 떠난 뒤에도 사라지지 않고 있었다. 달라진 것이 있다면, 강자의 입장에 있는 자들이 같은 사람들이 아니라는 것이었다. 경찰서에는 여전히 수많은 고발장이 접수되고 있었다. 밀고자의 자격은 바뀌었지만, 동기는 대부분 비슷했다.

　새로운 언론이 부역 언론을 사냥하기 시작했다. 새 언론사들은 부역 언론사들의 사무실을 점거했다. 하지만 아직도 신문가판대에서 「즈 쉬 파르투」나 「오 필로리 *Au Pilori*」를 찾는 대담한 이들이 있었다. 이들 가운데 대부분은 몇 달 전까지만 해도 연합군 상륙할 때 지옥을 예고하던 부역언론들을 읽던 자들이었다.

　1944년에 친독의용군이 된다는 것은 좋은 일이 못 되었다. 친독의용대장 다르낭의 졸개들이 입고 다니던 제복을 걸치는 것만으로도 사형 선고가 내려졌다. 두 눈을 가리고, 무릎을 꿇게 하고서 머리에 총 한 방을 날리는 것으로 끝이었다. 점령기의 프랑스가 어떠했는지를 상상할 수 없는 연합군 장교들이 개입해야 하는 경우가 한두 번이 아니었다. 무자비한 집단 폭행을 막고, 두 눈을 가려 처형하는 것을 막고, 부역죄를 지은 여성이 삭발당하는 것을 막기 위해서였다.

　그런데 진짜 책임을 져야 할 자들은? 대부분의 경우, 이미 도주해 버렸다. 일부는 독일로 가서 계속해서 활동하기도 했다. 드레스덴이 폭격되고 베를린이 무너지기 이전까지만 해도 폐허 상태가 아니던 독일 땅에서, 그들은 라디오와 신문을 통해 프랑스 동포들을 억압하면서 선전전을 계속했다. 이번에는 잘못한 이들이 현장에 없었던 자들이 아니었다. 떠나지 않고 남아 있던 자들이 공격 대상이었다. 친독의용대원은 처형당해야 할 자이고, 친독지성인은 심판받아야 할 자였다. 다른 도리가 없었다. 프랑스 국민에겐 희생양과 속죄양이 필요했다. 해방된 프랑스에서 모두가 미군 병사들과의 무도회에 참여한 것은 아니었다. 축제 분위기를 만끽하고는 싶었지만, 대부분의 사람들은 감히 결단을 내릴 수 없었다. 형제, 남편, 아버지, 아내가 강제수용소나 유럽 어딘가의 포로수용소에 여전히 갇혀 있었고, 더욱이 몇 달 전 혹은 때로는 몇 년 전부터 아무런 소식이 없는 터에, 어찌 춤추고 웃고 노래를 부를 수 있겠는가? 그들이 단지 살아 있기만이라도 해주기를 바랄 뿐이었다. 1945년 5월 중순부터 대대적으로 전쟁 포로와 강제수용소에 끌려갔던 사람들이 되돌아왔다. 그들의 이야기를 듣고서야 마침내 어떤 일이 포로수용소와 강제수용소에서 벌어졌는지를 정확하게 알게 되었다. 그들이 몇 달 전에 돌아왔더라면, 즉 숙청이 절정에 달했던 시기에 돌아왔더라면, 그들의 이야기의 여파가 어떠했으리라는 것은 상상이 가고도 남을 일이었다.

당연하게도 숙청은 복수심에서 우러나온 것이기 때문이었다. 1944년 가을까지만 해도, 추억이나 기억, 망각이나 용서의 문제가 아니었다. 점령은 바로 어제의 일이었다. '적색전단'이 고발한 22명의 '테러리스트들'을 처형한 것은 그해 2월이었다. 글리에르 고원에서 대독저항군을 전멸시켰던 전투가 벌어진 것은 3월이었다. 6월에는 SS부대가 지나가면서 튈르에서는 99명을 나무에 매달아 처형했고, 오라두르-쉬르-글란에서는 노약자와 여자를 포함해서 642명의 마을 사람들을 살해했다. 제3공화국의 장관을 지냈던 장 자이와 조르주 만델을 처형한 것은 각각 6월과 7월이었다. 베르코르 산의 레지스탕스를 초토화하기 위해서, 무장한 대독저항군과 비무장 민간인들을 가리지 않고, 친독의용대와 게슈타포가 협공작전을 벌인 것은 7월 말과 8월 초의 일이었다. 그리고 마지막 강제수용소행 열차가 독일로 떠난 것은 8월 15일이었다.

 설령 해방 직후의 프랑스 국민들이 한순간이라도 지난 4년간 벌어졌던 어이없는 재판, 친독의용대에 의한 무자비한 학살, 무분별한 투옥, 프랑스인 책임자들이 선택한 인질 처형, 고문, 몰수 등을 잊어버리고 싶어했을지라도, 그들이 겪은 지난 몇 주는 전쟁의 현실을 생생하게 상기시켜 주고 있었다.

 숙청은 바로 이러한 분위기와 이러한 정신 상태에서 진행되었다. 이러한 분위기가 특정한 행위들을 정당화시켜주는 것은 아니지만 설명해주기는 한다. 1944년에서 1945년까지 초기의 '속죄의 제물들'은 그들이 죄를 지었든 안 지었든 간에 어쩌면 지불해야 할 대가였다. 그 덕택에 나중에는 상대적으로 관대한 법적 숙청이 이어질 수 있었다. 바로 이 과정에서 한 범주의 시민들이 다른 범주의 시민들보다 훨씬 더 자신이 져야 할 책임에 직면해 있었는데, 바로 지성인들이었다. 그리고 이 지성인들 가운데서도, 특히 기자와 작가들은 더욱 그러했다.

결과를 생각하지 않고서 글을 쓸 수 있는 것인가? 이 질문은 그 어느 때보다도 현실성을 지닌 질문이었다.

II
숙청 일지
1944년 8월에서 1945년 12월까지

⸙ ⸙ ⸙

1944년

IIIII 8월 21일

공산당 중앙당사에서 중앙집행위원회가 소집되었다. 사무총장 서리인 자크 뒤클로는 당이 채택해야 할 전략을 발표하면서 공산당원들과 동조자들만을 제외한 대대적인 전방위 숙청을 주장했다. 이미 첫 번째 리스트가 나돌고 있었다. 임시정부의 법무부장관으로 공산당원인 마르셀 빌라르는 이 리스트에서 신문사의 발행인과 편집국장 그리고 라디오 방송국의 편집인 93인의 명단을 추출했다. 체포해야 할 사람이 너무 많아서 아직은 리스트가 완전하지 않았다. 파리가 해방되면서 리스트는 더욱 구체화되고 더욱 많아지게 될 것이다. 공산당 기관지인 「뤼마니테 *L' Humanité*」의 조판대에서는 벌써 식자공들이 한 기사를 읽을 수 있었는데, 그 기사는 다음 날 비양쿠르에서 커다란 물의를 일으키게 될 것이다. "자발적으로 적에게 장비를 대준 르노 자동차사의 임원들은 전사한 유엔군 병사들에 대한 대가를 치러야만 할 것이다.……그들은 사형집행인에게 넘긴 노동자들의 목숨의 대가를 치러야만 할 것이다."

드리외 라 로셀은 파시스트이자 유럽주의자였다. 「국가혁명」지에 쓸 기사들과 자신의 작품에 더욱 전념하기 위해서 이미 「신프랑스지」의 발행인 직을 사임했었다. 그는 동생에게 보낸 편지에서 다음과 같이 토로했다. "나는 자살한다. 자살은 그 어떤 상위법에 의해서도 금지된 게 아니다. 정반대이다. 나의 죽음은 내가 자유롭게 선택한 희생이고, 나의 몇몇 오점들과 결점들을 상쇄해 줄 것이다. 그리고 무엇보다도, 내게 남은 최후의 며칠을 혼란에 빠뜨려버릴 만큼, 정치에는 관심이 없다." 스스로 매우 위태롭다고 판단한 드리외는 자기 혼자서 기소자와 피기소자의 역할을 번갈아 하면서 자기자신을 숙청하고자 했다. 그가 그토록 부르짖었던 유럽혁명이 이제 끝났다는 것을, 독일이 전쟁에 졌다는 것을 그는 깨닫고 있었다. 법정에 서서 자신의 망상과 괴로움에 대해 설명해야 한다는 생각을 하자, 그는 소름이 끼쳤다. 그는 당장에 끝내려고 치사량의 러미날을 삼켰다. 하녀에 의해 구출되어 네케르 병원을 거쳐 미군병원에서 생명을 되찾은 그가 깨어났을 때, 베개 밑에는 스페인과 스위스로 갈 수 있는 여권이 놓여 있었다. 그 여권을 베개 밑에다 숨긴 자는 바로 독일선전부의 문학검열관이자 그의 친구였던 헬러 중위였다. 그러나 헬러의 노력은 헛수고였다. 며칠 뒤 그는 동맥을 그어 다시 자살을 기도했다. 때마침 간호원이 그를 구해주었다. 또한 그의 친구로 임시정부의 내무장관이던 엠마뉘엘 다스티에 드 라 비즈리는 드리외가 스위스로 떠날 수 있도록 애를 쓰고 있었다. 스위스에 가면 드리외는 친구인 베르트랑 드 주브날을 만날 수 있을 것이었다. 하지만 드리외는 이런 제의에 격분했고 즉석에서 거부했다. 자존심의 문제였다. 도주도 자기부정도 거부했던 것이었다. 그는 뻔히 보이는 '허깨비' 연극과 마주하고 싶지 않았다. 그는 첩자라고 여겨지는 자들에 의해 첩자로 찍혀 비난당하고 싶지 않았다. "나는 무엇보다도 이 저속한 정치판으로부터 벗어나고 싶다. 나는 이 정치판에서 희화화되었고, 미군과 마주치게 되면 기분이 상하게 될 것이다. 욕지거리를 들으며 경찰의 손아귀에 이끌려 재판정에 서게 될 것이다. 아니면 숨든지 혹은 아무에게나 목숨을 맡기게 될 것이다. 나는 그들의 '지독함' 만큼이나 그들의 '관대함'을 두려워한다. 이 모든 첩자들이 첩자 한 명을 처벌하고 싶어한다. 도무지 눈뜨고 볼 수 없는 연극이다." 그의 친구들 중 몇몇은 상황의 문제이고 한바탕 소용돌이와 광풍이 지나갈 때까지 기다리면 잘 벗어날 수 있을 것이라고 설득했다. 마르셀 주앙도는 심지어 다음과 같이 예언하기도 했다. "만일 드리외 라 로셸이 지하에 숨어 2년만 보내기를 받아들인다면, 우리는 그를 장관으로 만들 것이다." 이 말을 듣고 나서 폴 레오토는 일기에다 이상하면서도 과장된 말이라고 적었다. 아무튼 당시의 분위기를 잘 드러내주는 일화이다.

『낙천가들』을 쓴 소설가로서보다는 「그랭구아르 Gringoire」지의 논객으로 더 유명했던 앙리 베로는 자기 집에서 체포되었다. 그의 집은 바그람 가에 있는 호화 저택인데, 국내저항군(FFI)의 요원들에 의해 체포되어 참모부로 이송되었다가, 며칠 뒤 파리 시청 지하실로 옮겨졌고, 이곳에서 부역의 대가를 톡톡히 치러야 했다.

8월이 다 갈 무렵이었다. 파리는 여전히 해방의 열기에 휩싸여 있었다. 알베르 카뮈는 레지스탕스 출신 작가들 가운데서 선두주자였다. 어쨌든 그는 가장 권위 있는 작가들 중의 한 사람이었다. 일간지 「투쟁 Combat」은 저항투사들이 만든 지하신문이었다. 「투쟁」지의 편집국장이던 카뮈는 1944년 8월 30일자 사설에서 숙청 문제를 제기했다. "이 자리에서 어느 누가 감히 용서를 거론할 것인가? 칼은 칼로밖에 물리칠 수 없다는 것을 마침내 깨달았기 때문에, 무기를 들고서 승리를 쟁취했기 때문에, 누가 감히 잊어버리라고 요구할 수 있겠는가? 우리의 내일을 담보해 주는 것은 증오가 아니라 기억에 근거한 정의 자체이다." 다음 날 사설에서 카뮈는 특히 그의 관심 대상인 언론의 경우를 들면서 문제 제기를 계속했다. "우리는 무엇을 원했던가? 품위 있는 언어를 갖춘 명쾌하고 힘 있는 언론이었다. 여러 해 동안, 기사를 쓰면서 이 기사가 감옥이나 죽음을 부를 수도 있다는 것을 알고 있던 사람들에게는, 낱말 하나하나가 그 가치를 가지고 있다는 것은 당연했고, 또한 낱말들을 곰곰이 따져보아야 했던 것은 당연한 일이었다. 그런 사람들이 지키고자 했던 것은 바로 대중에 대한 기자의 책임이었다."

9월

출판업자들을 숙청하는 문제가 벌써 제기되기 시작했다. 그러자 일부 작가들이 동요했다. 그들은 1940년 여름 인세(印稅)가 정기적으로 입금될 수 있도록 출판사 문을 다시 열라고 가스통 갈리마르에게 압력을 넣었던 작가들이었다. 그들에겐 이제 또 다른 걱정거리가 생긴 것이었다. 지성인이라고 해서 집단이기주의적인, 게다가 단순히 에고이스트적인 생각이 없는 것은 아니다. 특히 위기 상황에서는 말이다. 파리 근교에 살던 폴 레오토는 그의 『문학 일기』에 다음과 같이 적었다. "정말이지 갈리마르사가 잘못되기라도 한다면…… 「신프랑스지」는 어떻게 될 것인가? 나의 연극 시평집 제2권의 재판, 내 『일기』의 출간, 내 작품 『시간 보내기』의 속편은 어떻게 될 것인가?" 해방이다 숙청이다 전쟁이다 지구적 재앙이다라고 한창 떠들고 있는 와중인데도, 레오토의 관심은 오로지 그것밖에 없었다. 그래서 레오토는 저 유명한 *PJ*[13] 대신에 *PL*을 창설하자고 제안한다. *PL*? 문학경찰(*Police littéraire*)을…….

작가이자 외교관이던 폴 모랑은 스위스에 있었다. 그는 귀국할 생각이 없었다. 부쿠레슈티에 있던 그는 7월 13일 스위스 베른 주재 대사로 발령 받았었다. 불과 41일밖에 지나지 않았지만 이 망명지에 발을 딛고 정착하기에는 충분한 시간이었다. 당시 스위스는 새로 유입되는 프랑스 이민자들을 환영하는 땅이었다. 그래서 폴 모랑은 프랑스국가해방위원회의 외무장관인 르네 마시글리에게 다음과 같은 내용의 편지를 썼다. "이곳에서 휴가를 보내고자 하는데, 허락해주시면 대단히 감사하겠습니다." 더 이상의 말이 필요 없었다. 모랑은 이미 모든 것을 예견하고 있었다. 그는 스위스가 요지부동의 전략적 중심지로 남게 될 것이라는 사실을 알고 있었다. 최근의 글들에서 보여준 그의 우아한 글재주를 거들떠보지도 않을 프랑스국내해방군(*FFI*)과 의용군유격대(*FPT*)가 점령한 파리나, 아니면 소련의 붉은군대 휘하에 들어간 부쿠레슈티에 있었다면, 그의 상황은 어떠했을까? 당연하게도 별로 좋지 못했을 것이었다. 반면에 레만 호의 호숫가에 있는 한은……. 어쨌든 숙청 리스트에 그의 이름이 올라있음에도 불구하고, 작가 모랑이 기소 대상이 되지 않은 것은 사실이었다. 반면에, 외교관 모랑은 법령에 의해 해임되었고, 연금도 보상금도 받지 못했다. 9년 뒤에 가서야 그는 복권되었다.

■■■■■
13) 사법경찰(*Police Judiciaire*)의 약자.

9월이 시작되자마자 모리악은 「르 피가로」의 사설을 매개로 해서 카뮈와 한판 붙기로 작정했다. 처음부터 모리악은 마음에 걸리는 문제, 즉 지성인의 책임 문제를 제기했다. 그는 기회가 있을 때마다 공론의 장에서 논쟁을 자극했다. 예를 들어, 아벨 에르망이 아카데미 프랑세즈에서 제명되자, 그는 "희생양"이라는 말로 문제 삼았다. 게다가 이미 모리악은 비율(比率) 혹은 과도(過度)라는 그럴듯한 개념을 내세운 바 있었다. 점령기의 신문에 참여했던 이런저런 인사들 사이에 차이점이 없음을 은근히 내세우면서, 그는 기관지의 질, 기사의 성격, 피기소인의 인격이나 영향력에 따라 책임을 완화시키려 했다.

이제 일간지 「르 피가로」에는 거의 날마다 『문둥이와의 입맞춤』의 작가 모리악이 쓴 사설이 게재되었다. 페탱과 라발이 독일로 떠난 다음 날인 9월 8일, 그는 다음과 같이 쓰고 있다. "우리는 학살자와 희생자의 쳇바퀴라는 것보다는 더 나은 것을 바란다. 그 어떤 대가를 치른다 해도, 제4공화국이 게슈타포의 장화를 신어서는 안 된다." 다시 말해서, 적이 우리에게 한 짓을 우리는 적에게 하지 말자는 것이었다. 적을 넘어서자는 것이었다. 그들이 우리를 고문했다고? 그렇다면, 그들을 심판하자. 하지만 누구에게나 실수할 권리가 있다는 것만은 인정해야 한다. 바로 이런 태도에 모리악의 모든 모습들이 담겨 있었다. 그는 기독교인이었고, 회색인이었고, 관대한 지성인이었고, 계급의식에서 자유로울 수 없는 부르주아 귀족이었고, 양심의 화신이었다. 더군다나 그의 형인 피에르 모리악 박사는 페탱 지지자였고, 극우단체인 프랑스행동의 열성 당원이었고, 의사협회 회장으로서 공산당원인 동료 의사의 처형에 일부 책임이 있다는 의혹 때문에 당시에 위태로운 처지에 놓여 있었다. 이러한 사실을 보면, 그의 입장이 이해되기도 한다.

「투쟁」의 카뮈와 「르 피가로」의 모리악. 하지만 이들 못지 않게 영향력이 있는, 당시 유명했던 표현대로 "레지스탕스 출신" 유력자들도 있었다. 당시에는 '레지스탕스 출신'이라는 딱지 덕분에, 평상시였더라면 별 관심을 끌지도 못할 기사들이 존엄과 영예로 치장되기도 하던 때였다. 과도(過度)로 치닫던 시대 흐름이 남용을 부추기기도 했다. 하기야 4년간의 속박에서 벗어난 후여서 당연하기도 했다. 공산주의 성향의 주간지 「프랑스 문예」는 장 프루보스트의 일간지 「파리 수아르 Paris-Soir」의 건물을 강제로 점거했고, 이념 논쟁에서 첨병 역할을 담당했다. 비밀리에 「프랑스 문예」를 인쇄하고 배포하고 읽은 죄로 너무 많은 사람들이 독일 점령 하에서 죽었으니, 어찌 달리 하길 바랄 것인가.

「프랑스 문예」는 형제 적들 사이의 화해에 진작부터 반대했다. 뵈그너 목사와 같은 사람들이 내세우는 이 "위대하고 너그러운 생각"을 거부했다. 「프랑스 문예」의 입장에서 보면, 그것은 부역자들이 자신들의 안위를 확보하기 위해 찾아낸 최상의 구실이었다. 그런데 1944년 당시 프랑스 사회는 희생자와 학살자, 애국자와 반역자라는 이분법 이외에는 다른 구분이 있을 수 없었다. 용서한다고? 이에 대해「프랑스 문예」의 판단은 이러했다. 당신은 당신이 당한 악행을 용서할 수는 있지만, 다른 사람들이 당한 악행을 용서할 수는 없다는 것이었다. 드랑시 *Drancy*에서 죽어간 시인 막스 자콥의 이름으로 혹은 몽-발레리엥에서 독일군에게 총살당한「프랑스 문예」의 창간자인 자크 드쿠르(본명은 다니엘 드쿠르드망쉬이며, 32세의 대학교수였다)의 이름으로, 어느 누구도 용서를 허락할 자격이 없다는 것이었다.

「프랑스 문예」의 기자들은 지성인은 자신의 행위에 대해 책임을 져야 한다고 생각했다. 게다가 재능이 많은 만큼 더욱 큰 책임을 져야 한다고 생각했다.「프랑스 문예」가 지성인을 비난하는 이유는 무엇인가? 모라스는 페탱 원수를 지지했다는 것이고, 몽테를랑은 『하지』를 출판했다는 것이고, 브라지약은「즈 쉬 파르투」의 기사 내용이 문제였고, 모랑은 프랑스 점령군 사령관인 폰 스툴프나겔 장군과의 친분 때문이었다. 그래서「프랑스 문예」는 관용을 하나의 죄와 동일시했다. "우리의 모든 과거의 불행은 반역을 처벌하지 못한 데서 온 것이다. 오늘 또다시 처벌하지 않는다면, 주모자들을 처단하지 못한다면, 커다란 위험이 닥칠 것이다. 어제의 죄를 처벌하지 않는 것은 곧 내일의 죄를 부추기는 것이다. '프랑스 공화국의 토대는 너그러움이 아니라 모든 반역자들에 대한 철저한 단죄에 있다' 라고 주장한 생-쥐스트가 옳다."

출판계에서는 조금이라도 '레지스탕스 출신'이라는 딱지와 관련되어 있으면 모든 것을 기사화했다. 이 표현은 이제 새로운 품질보증서로 통했다. 숙청에 관련된 문서에서도 이 표현의 영향력은 매우 컸다. 지하출판물에서 벗어나 공개리에 발간된「프랑스 문예」의 첫 호에 실린 출판사들의 책 광고는 이런 시대 분위기에 전적으로 편승하고 있었다. 갈리마르 출판사가 대대적인 광고에 나섰다. 아라공의『오렐리앵』은 "지하에서 쓰여진 작품"이고, 같은 작가의『마차 여행자들』은 "1943년에 출간됐으나 독일군에 의해 금지된 책"이고, 앙드레 말로의『경멸의 시대』는 "독일군에 의해 금지된 책"이고, 생텍쥐페리의『전시조종사』는 "1942년에 출간됐으나 독일군에 압류당한 책"이었다. 가스통 갈리마르에 대한 이야기도 많이 떠돌았다. 소문에 의하면 4년 동안 그는 매우 위험천만한 삶을 살아야 했다고 했다.

「프랑스 문예」의 광고는 유료였다. 갈리마르 출판사로서는 새로운 권력자에 대한 투기였고, 명예 회복을 위한 조심스러운 첫 시도였다. "점령 동안에 글이나 행동을 통해서 압제자에게 정신적 혹은 물질적인 도움을 주었던 작가들"의 공모행위를 비난하는 글 옆에 그런 광고들이 실린 것을 보고 사람들이 분개하고 놀란다 해도 할 수 없는 일이었다.

카뮈와 모리악은 서로를 지적하며 논쟁을 벌였다. 암묵적으로

서로가 상대에게 다음번 주제를 제공하는 셈이 되었다. 특별재판소 구성 다음 날인 9월 16일, 『이방인』의 작가는 「투쟁」의 사설에 다음과 같이 쓰고 있었다. "많은 사람들을 숙청하자는 게 아니라 제대로 숙청하자는 것이다." 다시 말해서, 모든 분야에서 숙청이 이루어져야 한다는 것이었다.

전국작가협의회는 점령기에 출판사가 어떻게 처신했는지를 가리기 위해서는 법률가와 작가들로 구성된 특별위원회의 조사에 맡겨야 한다고 주장했다. 죄과가 있는 출판사들이 여론에 영향력을 미칠 수 있는 수단들을 차단하고, "점령기에 얻은 이익금으로 인세를 받지 못했던 작가들에게 보상금을 지불하고, 이와는 별도로 사법적 심판의 결과는 적용돼야 한다"는 것이 전국작가협의회의 제안이었다.

베르코르는 작가(『바다의 침묵』)이자 출판업자(미뉘 출판사)로 전국작가협의회의 유력 인사였다. 그는 점령군과 가까이서든 멀리서든 전혀 타협하지 않았던 몇 안 되는 지성인들 중의 한 사람이었다. 그는 갈리마르 출판사에서 1940년부터 1943년까지 드리외 라 로셸의 책임 하에 발행됐던 「신프랑스지」와 대판주간지 「릴뤼스트라시옹 *L'Illustration*」의 재간을 막고자 했다. 드골이 초대한 저녁 식사 자리에서 베르코르는 이 주제에 관한 대화를 피하려고 애썼지만 허사였다. 왜냐하면 베르코르의 생각과는 반대로, 드골은 「릴뤼스트라시옹」과 「신프랑스지」의 권위를 생각해서라도 재간을 원하고 있었기 때문이었다. 그런데 바로 이 권위 때문에, 특히 외국에 널리 알려진 명성 때문에, 죄인들이 처벌받았다는 것을 분명하게 보여주기 위해서라도, 베르코르는 두 잡지의 재간 금지를 요구했던 것이었다.

작가이자 출판업자(스톡 출판사)인 자크 샤르동은 코냑 지방의 유지들과 함께 투옥되었다가 병원으로 이송되었다. 그는 6주 동안 구금되었다가 가택연금 조치를 받은 채 기소되었다.

르노 자동차 사장 루이 르노는 마르탱 검사에 의해 기소되었다. 그는 적과 거래를 한 대가를 치를 수밖에 없었다. 검찰의 공소장에 따르면, 비양쿠르에 있는 르노 자동차사는 독일군에게 61억 5백만 프랑 어치의 군수물자를 팔았다고 한다. 9월 23일 저녁, 루이 르노는 프렌 감옥에 투옥되었다. 그는 한 달 후 67세의 나이에 사망했다. 부검의의 소견서에 따르면, 사망 원인은 뇌출혈이었다. 그러나 그의 부인인 크리스티안 르노는 훗날 관계서류를 변호사 이조르니에게 넘기면서, 남편이 살해당했다고 주장했다.

"출판조합은 적에게 봉사했다." 이것은 「자유 프랑스 *France-Libre*」지에 실린 한 기사의 제목이다. 이 제목에는 그 의도가 명백히 새겨져 있었다. 이 기사에 따르면, 부역 작가들만을 숙청하는 것으로는 충분치 않고, "프랑스 사상의 노예화에 기여한 작품들을 배포할 수단들을 제공한 자들"도 처벌해야 한다는 것이었다. 다시 말해서, 출판사들을 일컫는 것이었다. 독일선전부와 손잡고서 검열원칙을 수용하고 수백 권의 금서목록인 오토 리스트를 인정했던 출판사들을 가리키는 것이었다. 일간지 「자유 프랑스」가 전하는 놀라운 사실은 출판조합의 임원들이 점령 하에서나 1944년 9월이나 동일한 인물들이라는 것이었다. 이로부터 며칠 뒤, 출판계숙청위원회 위원명단이 발표되었다. 사르트르, 세게르스, 베르코르, 노구의 프랑시스크 가이(나중에 프랑스언론연맹의 명예회장으로 추대됨)와 더불어 뒤랑-오지아스, 장 파이야르, 로베르 뫼니에 뒤 우수아 등과 같은 출판업자들이 명단에 끼여 있었다. 그런데 로베르 뫼니에 뒤 우수아가 소유하고 있던 세 개의 출판사(파이야르, 아셰트, 법전서적)는 점령 기간 동안 독일선전부가 내린 조치를 전적으로 수용했던 출판사들이었다. 아무튼 이 당시 파리 거리의 어느 담벼락에는 다음과 같은 메시지가 굵은 글씨로 쓰여 있었다고 한다. "아셰트 출판사는 저항했다." 당연하게도, 이 메시지를 곧이 믿는 사람은 아무도 없었다.

　「프랑스 문예」지는 출판계숙청위원회가 착수한 기초 조사 결과가 나올 때까지 법망에 걸려들 수도 있는 출판사들의 광고를 거부할 것이라고 공표했다. 그리고 이러한 조치는 문제가 완전히 해결되는 날까지 적용될 것이라고 선언했다. 하지만 당시 법망에 걸려들지 않을 출판사는 한 손으로 꼽을 수 있는 몇 개에 지나지 않았다.

||||| 10월

전쟁은 계속되고 있었다. 책에 대한 검열도 마찬가지였다. 정상적인 일이었다. 그런데 정상적이지 못한 것은 출판노조 대표인 르네 필리퐁이 검열을 통보하는 것이었다. 그는 바로 얼마 전까지만 해도 오토 리스트에 서명했던 인물이었다.

주간지 「십자로 *Carrefour*」는 문인협회가 '거수 투표'로 결정해서 저항작가 리스트를 작성할 것을 제안했다.

「프랑스 문예」의 클로드 모르강은 전시용이 아닌 진정한 숙청을 주장했다. "퓌쵀 이후, 단 한 명의 반역자도 처형되지 않았다. 숙청은 지금까지는 협박에 불과하다. 르이되 *Lehideux*와 루이 르노를 제외하면 유력한 책임자들을 체포하지도 못했다. 업계는 '부역자들'로 썩어 있다. 죄질이 가장 심한 지성인들이 자유를 만끽하며 으시대고 있는 반면, 수천 명의 애국지사들은 여전히 고통받고 있다." 전국작가협의회 위원으로 영향력이 상당한 모르강은 또한 "하수인들이 아니라 진짜 죄인들을 처벌하고, 적을 지원했던 모든 이들에게 침묵을 강요할 수 있어야 한다"고 주장했다. "숙청 없이는, 다시 말해서 프랑스 국민 모두가 기대하고 요구하는 정의가 구현되지 않는다면, 그 무엇도 가능하지 않을 것이다."

아테네 거리에서 히틀러의 국방군이 활보하는 것을 보지 않으려고 그리스인들이 자살했다는 사실을 상기시키면서, 자크 드 라크르텔은 「르 피가로」지에서 독설을 토해냈다. "나는 자살자 둘을 알고 있는데, 그들은 자살에 실패하지 않았다. 오! 드리외 라 로셸이여!" 소설 『실베르만』의 저자인 자크 드 라크르텔은 그래도 예전에는 좀더 점잖은 글을 쓰던 작가였다. 라크르텔에 조금 앞서 9월 19일자 「파리지앵 리베레 *Parisien libéré*」에서는 폴 엘뤼아르가 격리 감옥을 언급한 바 있었다. "드리외 라 로셸이 저지른 죄로 볼 때, 귀얀느로 보내는 게 적격일 것이다."

10월 18일, 점령 기간에 취득한 부정 이득에 대한 환수조치가 내려졌다. 적시였다.

10월 20일, 부쉬-뒤-론의 법정. 피고석에는 59세의 알베르 르죈이 서 있었다. 그는 일간지 「로토 *L'Auto*」의 사장이고, 「프티 니수아 *Petit Niçois*」에서 「리용 레퓌블리캥 *Lyon républicain*」에 이르기까지 여러 지방지의 발행인이며, 독일대사관 및 독일선전부와 친밀한 관계를 유지하면서 많은 언론사와 출판사를 경영하는 자였다. 기소 내용은 심각했다. 게다가 그는 엄청나게 치부까지 했다. 그는 기꺼이 축재를 인정했다. 심지어 그는 이러한 난점(돈벌기의 어려움)을 정상참작의 요건으로 활용하려 하기까지 했다. 그는 판사들이 밀고나 반역 이외에도 금전 매수를 특히 용서하지 않을 것이라는 사실을 모르고 있었다. 게다가 그의 재판은 대형 언론 사주에 대한 첫 케이스였다. 적과의 내통죄가 인정된 그는 사형선고를 받고 처형되었다.

    3일 후 파리의 센 법정. 피고석에 선 54세의 조르주 쉬아레즈. 그는 파리에 있는 한 신문사의 사주였다. 그는 프랑스대중당의 옛 당원이었고, 마르셀 데아가 이끄는 전국대중연합에 참여했었고, 전쟁발발 이전에는 브리앙, 푸앵카레, 클레망소의 전기작가로 잘 알려져 있었을 뿐만 아니라, 「그랭구아르」와 「시대」에 쓴 기사로도 잘 알려진 인물이었다. 1940년 12월, 그는 앙리 장송의 뒤를 이어 「오늘 Aujourd'hui」의 편집국장을 맡았고, 몇 주 지나는 사이 눈에 띄게 친독 성향을 표방하는 신문으로 만들어 나갔다. 물론 이 신문은 점령군으로부터 직접적인 지원을 받았다. 재판이 열리기도 전에 쉬아레즈의 운명은 이미 결정되어 있었다. 관록을 자랑하는 법원 출입기자인 제오 롱동의 예감은 틀리지 않을 터였다. "이 사건의 심리는 간단할 것이다. 유일한 증인은 이 기자가 쓴 기사들이 될 것이다. 글은 남는다!"

기사는 물론이고 회계장부도 남는 법이다. 쉬아레즈에게는 독일자본이 투자한 신문사를 경영했다는 죄까지 부가되었다. "반역으로 돈을 번 신흥부자인 그가 입고 다니던 유명한 베이지색 외투"의 넓은 깃에 파묻힌 피고는 외롭게, 너무나도 외롭게 보였다. 아무도 그를 도와주려 하지 않았다. 반역한 유명인사들 대부분이 이미 외국으로 피신했기 때문에, 그는 남들 몫까지 대가를 치러야 했다. 설령 뤼시앙 르바테나 페르디낭 드 셀린이 파리에 있었다 할지라도 쉬아레즈는 목숨을 구하지 못했을 것이었다. 그가 쓴 백여 편의 기사들을 읽어보면 그가 "독일을 위해 봉사하고 종사했다"는 사실이 입증되고도 남았다. 더 이상 덧붙일 말이 없었다. 제오 롱동의 방청 후기는 단두대로 결론짓고 있었다. "쉬아레즈는 기사 끝에 자기 이름을 서명하면서, 그와 동시에 불명예와 사형판결문에 서명한 것이었다." 쉬아레즈는 사형을 선고받았다.

「프랑스 문예」는 전국작가협의회에서 축출된 백여 명의 작가 명단을 공개했다. 피에르 브누아, 아벨 보나르, 르네 뱅자맹, 앙리 베로 등등. 카뮈는 「투쟁」지 10월 25일자 사설에 다음과 같이 쓰고 있다. "25년간[14]의 초라한 세월에 뒤이어 4년간 겪었던 집단적인 고통을 앞에 두고서, 회의(懷疑)란 있을 수 없다. 비록 인간의 정의가 너무나 불완전함에도 불구하고, 우리의 선택은 인간의 정의를 완수하고자 하는 것이다. 우리는 정직함을 필사적으로 견지함으로써 그 불완전함을 교정하고자 한다."이 즈음엔 이미 옛 부역자들과 저항투사들이 예술과 문학의 보호자로 이름난 플로랑스 굴드가 주최하는 유명한 오찬에 함께 참석하고 있었다. 식탁에 앉은 마르셀 주앙도는 미래를 믿고, 인간의 광기를 신뢰하는 듯했다.

11월

파리의 센 법정. 70세의 스테판 로잔이 피고석에 있었다. 그 역시 한 신문사의 책임자였다. 게다가 얼마나 충실했던가! 1901년부터 1944년까지 뷔노-바리야 가문의 일간지인 「아침 *Le Matin*」의 편집국장이었으니! 점령 하에서 그는 편집 책임을 다른 사람들에게 맡겨 두고서 무엇보다도 사설을 썼고, 많은 독자들이 그의 사설을 읽고 있었다. 독일공보부의 인가와 통제 하에서 출간되는 파리의 일간지에서 레지스탕스를 외칠 수 없다는 것은 굳이 일류 지식인이 아니어도 충분히 짐작할 수 있었다. 쉬아레즈가 사형선고를 받은 지 며칠 지나지 않은 터라, 그의 죄는 어마어마한 것 같았다. 착오였다. 왜냐하면 쉬아레즈와는 달리 스테판 로잔은 혼자가 아니기

---

14) 1차 세계대전이 일어났던 1914년에서 2차 세계대전이 시작된 1939년까지를 가리킴.

때문이었다. 게다가 그는 교활한 인간이었다. 배심원들에게 부역정책이 화해전략의 하나였다고 터무니없는 말을 할 때는 가히 압권이었다. 방청기자석에서 제오 롱동은 종이에다 "이 재판은 교활함의 승리를 보여주고 있구만"이라고 끄적거리고 있었다. 로잔의 변호사인 로베르 무로는 그의 의뢰인이 점령 초기 6개월 동안 기사 쓰기를 거부해서 왕따당한 바 있고, 그러다가 결국 40년 전부터 모셔온 악랄한 사주 모리스 뷔노-바리야의 회유에 더 이상 버틸 수 없었다는 사실을 내세웠다. 변호사는 모리스 뷔노-바리야에게 책임을 전가하기 위해서, 스테판 로잔이 받은 교육이나 익히 알려진 그의 친(親) 앵글로색슨 성향으로 미루어 볼 때, 1940년부터 1944년까지 연합군에 적대적인 사설을 받아쓰도록 한 자는 바로 사주인 모리스 뷔노-바리야라고 주장했다. 배심원 구성을 볼 때 모든 수를 다 쓸 수 있다고 판단한 변호사는 심지어 점령 초기에 로잔에게 닥친 우울증 에피소드까지 서슴지 않고 들먹였다. 로잔은 독일군이 점령하자 극약을 먹고 자살했던 의사 티에리 드 마르텔이나 그런 꼴을 보지 않으려고 센 강에 투신한 애국자들을 본뜨려고 했을 수도 있었다는 것이었다. 정상참작의 요건들을 주저리주저리 늘어놓는 변호사의 변론을 들으면서 역겨움을 느낀 제오 롱동은 "모든 것을 고려해 볼 때, 스테판 로잔은 의사 괴벨스의 품안에 몸을 던졌다"라고 풀이했다.

「프랑스 문예」에 게재한 기사에서 클로드 모르강은 숙청이 제대로 이루어지고 있지 않는 데 대해, 로잔이 사형선고를 받고도 처형되지 않은 것에 대해, 장 프루보스트나 아나톨 드 몽지와 마찬가지로 모라스와 브라지약, 드리외 라 로셀과 프티장이 여전히 죄가를 치르고 있지 않은 데 대해 분개했다.

일간지 「아침」의 사설을 담당했던 스테판 로잔은 특히 레(Ré) 섬에서의 유형을 포함해서 몇 년 동안 감옥 생활 끝에 석방되었다. 그 후 그는 다시 극우파 신문에서 일을 했다.

11월 7일, 지그마링겐. 프랑스인 망명자들의 신문인 「라 프랑스 La France」에 재독 프랑스 지성인들의 선언문이 게재되었다. 마치 꿈을 꾼다고나 할까. 그들은 지난 4년 동안 신문지상을 통해서 친독의용대와 게슈타포 그리고 SS 부대가 저항민병대, 유태인, 공산당원들을 사냥하는 데에 철저하게 부역했던 장본인들이었다. 그런 사들이 이제 분개하고 나선 것이었다. 이들이 분개하는 이유는, 자신의 이념에 따라 행동했던 작가와 기자들을 기소하고 그들의 책을 판금시키거나 폐기처분하는 일이 프랑스에서 벌어지고 있다는 것이었다. 당연하게도 이들은 점령 기간에는 본인들이 작가와 기자들(훗날 숙청 주도자들이 될)의 표현의 자유를 침해했던 사실을 부인했다. 또한 이들의 판단에 의하면, 전국작가협의회가 작성한 리스트들을 보면 프랑스 지성인들이 언제나 새로운 유럽의 편에 있었음을 증명한다는 것이었다(부록1 참조).

이틀 뒤 파리에서는 조르주 쉬아레즈가 처형되었다. 부역 기자 가운데 첫 번째 케이스였다. 서글픈 특권이었다.

헐뜯는 소문이 나돌았다. 앙드레 지드에 관한 소문이었다. 지드? 숙청의 광란 덕에 해묵은 원한을 갚을 수도 있었다. 무슨 근거로 지드를 비난할 수 있을까? 지드는 전쟁 초기에는 남불의 자유지역에서 그 후에는 알제리에서 전쟁을 보냈고, 진정한 의미에서 '참여'하지도 않았었다. 물론 드리외 라 로셸이 발행하던 「신프랑스지」에 1940년 12월과 1941년 2월 짧은 글을 발표한 것은 사실이었다. 하지만 1941년 4월 「르 피가로」에 기고한 글에서 더 이상 「신프랑스지」에는 글을 쓰지 않겠다고 공표하면서 관계를 청산했었다. 1940년 9월 5일자 지드의 『일기』를 다시 읽어보라는 소문이 떠돌았다. "어제의 적과 함께 한다는 것은 비열한 짓이 아니라, 지혜의 소치이다. 그리고 불가피한 것을 받아들이는 것……. 숙명을 거역하는 자는 덫에 걸려들게 마련이다. 감옥의 창살에 부딪쳐 치명상을 입은들 무슨 소용인가? 비좁은 감방에서 덜 고통받기 위해서는 중앙에 위치할 수밖에 없다.…… 자신의 사상을 조금이라도 변질시키지 않으려거든, 어쩌면 침묵해야만 할 것이다. 아직까지 입을 열지 않은 이들은 그로 인해 고통받게 될 것이다."

위와 같은 글이 아마도 영웅심을 부추기는 것은 아닐지 모르지만, 그렇다고 해서 부역에 동참하라는 호소로 인식되는 것은 부당한 일이었다. 1940년 9월 이후에는 지드보다 훨씬 더 분명하게 부역을 호소하는 글을 쓴 이들이 많았다. 지드가 말하는 "중앙"이라는 표현은 대부분의 사람들이 지켜야 했던 침묵, 즉 기회주의자들을 지칭하는 게 아니었을까?

소문은 곧 사라졌다. 지드는 그다지 걱정할 게 없었다. 게다가 알고 보니 무엇보다도 공산당의 해묵은 구원(舊怨)에서 비롯된 것이었다. 「프랑스 문예」에 기고한 루이 아라공의 글을 읽어보면 뻔하게 드러났다. 한 마디로, 아라공은 지드의 『소련에서 돌아와서』를 결코 용서할 수 없었던 것이었다. 이 경우, 숙청은 핑계에 지나지 않았다.

법적 심판의 시간이 다가왔다. 르클레르 장군이 이끄는 군대가 스트라스부르에 진군하는 동안, 파리에서는 숙청에 대한 법적인 틀이 마련되었다. 세 개의 특별재판소가 숙청을 떠맡게 될 것이다. 최고재판소, 형사법원 그리고 민사법원이었다. 이 법원들이 내리는 형량은 사형에서 국가모독죄에 이르기까지 점차로 작아진다. 최고재판소는 큰 죄를 지은 자들, 즉 반역죄로 기소된 장관, 차관, 고위공무원을 비롯한 모든 고위 공직자들을 심판한다. 각 지방마다 설치된 형사법원에서는 기자와 작가들을 주로 심판한다. 민사법원은 원칙적으로 숙청위원회와의 합의하에서 말단 부역자들을 심판한다. 훗날 변호사 샤르팡티에는 이 말단 부역자들을 두고 "법정의 우스갯거리들"이라고 표현하기도 했다.

이 세 개의 특별재판소에 대한 기준은 해방 이전에 점령하의 파리에서 이미 기초된 바 있었다. 변호사인 조에 노르드만과 자크 샤르팡티에, 검사인 모르네, 바사르, 부아사리, 부장검사인 몽길랑과 라트릴, 부장판사인 베테이, 법학자인 파리법과대학장 쥘로 드 라 모랑디에르 등이 참여한 지하 모임에서 결정된 바 있었다. 이들이 주장한 법의 정신은 1944년 4월에 공표된 법령에도 들어 있다. 하지만 점령 하에서 그들이 알제에 보냈던 문서는 너무나 수정되어서 그들 가운데 누구도 최초입안자라고 내세울 수 없을 정도였다. 법안과 공표된 법령 사이에 너무나 큰 차이가 있어서, 알제의 고등감찰관인 프랑수아 드 망통의 보좌진이 실제 그 법안을 참조했는지 의심이 갈 정도였다. 알제에서는 훨씬 더 엄격한 기준을 제시하고 있었다. 이를테면, 휴전협정[15]은 평화를 위한 게 아니다, 비시 정부는 불법정권이다, 애국심을 결코 버리지 않았던 시민들, 즉 저항투사들만이 배심원이 될 수 있다, 제3공화국의 제헌위원들이 미래의 일을 예견할 수 없었으므로, 새로운 법률에는 소급적용을 확대해야 한다 등등.

---

15) 1940년 6월 22일 프랑스군의 무조건 항복으로 취해진 휴전협정을 말함.

12월

월간지 「에스프리 *Esprit*」의 자크 맨느는 '숙청'이라는 낱말이 풍기는 윤리적이고 전체주의적인 냄새 때문에 신경이 쓰였다. 특히 그는 숙청주도자들이 무엇보다도 정치적인 빚을 청산하려는 복수자들로 취급당하지 않기를 바랐다. 그가 보기에는 무턱대고 정적(政敵)들을 기소해서는 안 되었다. "숙청이란 그릇된 저항을 유발하는 모든 것을 청산하는 것이고, 악을 뿌리부터 잘라내는 것이고, 우리를 질식케 했던 구조들을 정리하는 것이다. 그러기 위해서는 우리의 승리를 반대하던 자들을 거세해야 한다. 모든 적대행위나 적과의 내통에 대해 전쟁규칙과 군법을 적용해야 한다. 특히, 우리의 동료 시민들 중 적지 않은 사람들로 하여금 공개리든 암암리든 우리와 싸우도록 부추겼던 관료들을 제거해야 한다. 이런 점에서 볼 때, 부역자들을 심판하는 것은 물론이고 공장을 국유화하는 것도 숙청이 해내야 할 일이다.…… 사람에 대한 숙청, 특히 제도에 대한 숙청, 사상에 대한 숙청."

「에스프리」지 같은 호에 실린 글에서 익명의 필자는 숙청을 놓고 너무 말이 많다고 지적하면서 모든 문제는 세 낱말, 즉 1941년 비시 정권의 철칙이었던 세 낱말에 있다고 주장했다. "신속, 냉혹, 명확……. 질질 끈다는 것, 주저한다는 것은 곧 대중들의 감수성에 일련의 병을 안겨주므로 그만큼 정치적 오류를 범하는 것이다. 신비론자들은 다시 한번 기독교적 용서를 외친다. 그들은 영적 질서에 속하는 내면의 문제와 정치적 요구사항을 다시 한번 혼동하고 있다. 정치적 요구사항은 내면의 문제와는 별개의 것이다."

감옥에서는 조르주 쉬아레즈의 처형 이후 점점 더 회의론이 제기되었다. 그만큼 희망이 점점 줄어들었다. 주간지 「국가혁명」의 전 편집장 뤼시앙 콩벨은 불과 몇 주 전 쉬아레즈와 함께 검사 앞으로 끌려가던 호송차에서 나눈 대화를 떠올렸다.

"우리는 휴전협정을 체결했던 합법적인 정부의 보호 하에 있었어요."

"그렇다면 피에르 퓌최는 어떻고요?"

"아니, 그자와는 비교될 게 하나도 없어요. 퓌최는 특별정부의 특별재판소에 의해 심판 받은 것이에요. 지금은 드골이 합법정부를 이끌고 있고, 이 합법정부는 페탱의 정부를 계승하고 있는 거요. 모든 게 제대로 돌아가고 있는 거지요."

순진함인가? 정치적 맹아인가? 사형수의 간절한 희망이 아니라면, 소위 프랑스라는 국가에 대한 국가관의 문제일 것이다.

12월 18일, 폴 샤크가 법정에 출두했다. 그가 법의 심판을 받게 된 것은 이십여 년 동안 오대양을 누볐던 해군장교로서도, 해군의 역사기록을 맡고 있는 책임자로서도, 해군에 관한 무훈시로 성공한 작가로서도 아니었다. 점령 하에서 반볼셰비키행동위원회, 국가혁명전선, 아리안서클을 창설했고, 일간지 「오늘」에 글을 기고했던 샤크 대령으로서 심판대에 오른 것이었다.

폴 샤크가 사형선고를 받던 날, 「르 몽드」지 첫 호가 발간되었다. 「시대」지를 계승한다고는 하지만, 새로 창간된 「르 몽드」는 레지스탕스의 전력도 없었고, 다른 신문들처럼 지하에서 탄생하지도 않았고, 그래서 지하출판물이라는 특혜의 후광을 입고 있지도 않았다. 하지만 역사학자 피터 노빅에 따르면, 「르 몽드」는 "1944년 당시 발간되던 레지스탕스 언론을 특징짓는 협력정신과 명예감을 분명하게 고집하던 유일한 일간지였다.……「르 몽드」는 프랑스 언론에 언론계의 숙청에 관해 실질적이고 지속적인 기여를 한 유일한 신문이었다."

12월 20일. 프렌 교도소에 수용된 반역자들에게 희망의 소식이 전해졌다. 폰 룬트스테트 장군이 바스통느를 점령했다는 것이었다. 독일의 승리로 가는 것이라고? 천만의 말씀이었다. 점령 말기와 전쟁의 종식을 혼동했던 것이었다.

잡지 「기독인의 증언 *Témoignage chrétien*」은 숙청이 곧 정의라고 혼동해서는 안 된다고 강조했다. 왜냐하면 숙청은 일시적이고 순간적인 일이며, 근본적으로는 처벌을 목적으로 한 독단적인 행위인데 반해서, 정의는 순간의 우발성을 넘어서는 영원한 가치이기 때문이었다.

성탄절 다음날, 공민권 박탈에 대한 조치가 내려졌다. 이 조치에 따르면, "비록 현행 형법에는 저촉되지 않을지라도, 반국가적 활동으로 죄를 지은 프랑스인이면 누구든지" 공민권이 박탈되고, 수많은 직종에서 배척당해야 했다. 아주 효과적인 조치로서 부역에 "연루된" 시민들이 집단적인 경멸의 대상이 되었다. 하지만 큰 여파는 없었다. 마구잡이식 비난이었고, 귀찮은 자들을 떨쳐내고 미묘한 상황을 모면할 수 있는 이상적인 방법이었다.

12월 28일. 부역 신문의 발행인들 가운데 가장 젊은 발행인이던 뤼시앙 콩벨이 법정에 출두했다. 당시 서른한 살이었던 그는 적과의 내통죄로 기소되었다. 극우단체인 프랑스행동의 운동원이기도 했고, 한때는 지드의 비서이기도 했던 그는 드리외 라 로셀의 최측근이었다. 기소 이유는 「라 제르브」에 썼던 기사들, 독일문화원 방문(그는 "드리외 라 로셀, 몽테를랑, 테리브, 샤르돈과 동행"이었다고 밝힘), 베를린의 프랑스 노동자들 앞에서 한 연설, 그리고 무엇보다도 주간지 「국가혁명」의 편집장이자 발행인이자 사설 담당자였기 때문이었다. 그는 특히 "독일이 전쟁에 진다는 것은 부당한 일이다"라고 쓴 바 있었다. 검찰은 사형을 구형했다. 하지만 피고측 증인으로 나선 유명인사들(「리베라시옹-수아르 Libération-Soir」지의 발행인 부아이예, 국가자문회의의 국민전선 대표인 필립 신부 등)의 증언과 지드가 법정에 보낸 편지 덕택에, 그리고 특히 위의 세 사람 모두가 피고의 첫 번째 장점이 진솔함이고 진정한 참여정신이라는 데 일치했고 재판장도 이에 동의함으로써, 그는 정상이 참작되어 15년간의 강제노역형을 선고받았다. 피고 자신도 "정말이지 비상식적인 기사들, 침략자들의 죄를 용인하는 기사들"을 쓴 데 대해 죄를 통감한다고 인정했다.

12월 29일, 베로 *Béraud* 재판. 베로는 거물이었고, 작가였고, 유명인이었다. 두 앙리 베로가 있었다. 소설가 앙리 베로에 대해서는 거론할 게 없었다. 하지만 「그랭구아르」의 논객 앙리 베로는 대가를 치러야만 했다. 그런데 애를 먹은 것은 담당검사였다. 기소 내용이 별 게 없었고 오류로 가득했기 때문이었다. 하지만, '레지스탕스 출신'의 신문들이 배심원들에게 가하는 압력은 엄청났다. 왜냐하면 베로는 점령 하에서는 물론이고 특히 전쟁 이전에도 좌파 신문들을 혹독하게 비판했었기 때문이었다. 정적들을 비난하는 것은 그에겐 제2의 천성이었다. 많은 사람들이 그로 인해 고통을 겪어야 했다. 게다가 그는 종종 도를 넘어 지나치기까지 했다. 그는 독일군이 점령하기 이전부터 그랬었다. 아무튼 그가 쓰지도 않은 기사들과 책들, 그가 하지도 않은 강연과 그가 참석하지도 않은 회합들 때문에 그는 비난을 받아야 했다.

그를 지나치게 과대평가 했던 것일까? 사실은, 매우 의미 있는 또 다른 현실과 연관되어 있었다. 당시는 궁핍하던 시기였다. 그런데 그는 프랑스에서 가장 연봉을 많이 받는 기자였다. 인기작가로서의 혜택에 힘입은 인세 수입은 차치하고라도, 그는 연봉 60만 프랑을 받는 「그랭구아르」의 논설위원실장이었다. 심지어 그의 재산과 생활비도 어쩌면 독일정부에서 받은 것이라는 말까지 나돌았다. 반(反)영국, 반(反)드골, 반유대주의, 게다가 매우 부유하기까지…… 바로 여기에 그의 최대 약점이 있었다. 따라서 그가 쓴 기사들에 대한 책임을 문제 삼기보다는 이 약점을 파고드는 게 훨씬 더 관심거리가 되었다.

앙리 베로는 자신이 영국인들을 싫어하는 만큼이나 독일인들도 싫어한다고 설득하려 했다. 그런데 지난 4년 동안 독일인들이 이 사실을 알아차리지 못했던 것은 인정할 수밖에 없었다. 그렇다고 그를 돈에 팔린 자 또는 돈을 좇는 자로 보는 것은 그를 여느 편집국장들과 동일시하는 것이었다. 그것은 1930년대 초 이후 그의 사상의 연속성을 고려하지 않은 결과였다. 아무튼 조금만 더 영악한 '반역자'였더라면, 그래도 1944년 5월의 베로보다는 좀더 나은 정치적 감각과 좀더 뛰어난 분석능력과 상황판단력을 가졌어야 할 것이었다. 1944년 5월, 베로는 「그랭구아르」와의 결별 이유를 설명하는 소책자를 발간했다. 그는 이 책에서 "세계에서 가장 영국인을 혐오하는 주간지"인 「그랭구아르」가 그 본래의 명성을 더럽히고 있다고, 프랑스인들 사이의 화해를 설교한다고 비난했다. 또한 그는 길을 잘못 들었던 프랑스인들, 그가 예전에 공격했던 프랑스인들에게는 손을 내밀겠지만, 영국인들에게는 결코 그런 제스처를 하지 않겠다고 다짐했다. "영국인들과 그들의 친구들, 그들의 공모자들, 그들의 종들에게는 결코 손을 내밀지 않겠다. 정말이지, 결코!" 1944년 6월 29일 인쇄된 이 소책자는 서점에 배포되었다. 이 당시 그토록 과격하고 그토록 공개적으로 반(反)영국을 외쳐대기 위해서는 정말이지 영업 감각이 없어야만 했을 것이었다.

12월 30일, 베로는 사형선고를 받았다. 점령기에 썼던 독설적인 기사들에 대한 대가를 받은 셈이었다. 또한 「그랭구아르」가 펼쳤던 여러 캠페인의 대가를 치른 셈이기도 했다. 1936년의 민중전선 반대 캠페인, 로제 살랑그로를 죽음으로까지 내몰았던 캠페인, 반유태인 캠페인, 반공산주의 캠페인 등등.

선고가 내려지자, 한 남자가 자리에서 일어나더니 선고의 부당함을 비판했고, 청중은 그의 말을 경청했다. 다름 아닌 프랑수아 모리악이었다. 모리악을 분개시킨 것은 비단 불공정한 재판 때문만이 아니었다. 하기야 재판의 불공정함은 누가 보기에도 거의 확연했다. 모리악이 분개한 이유는 독일군과 접촉하지 않았던 자를 반역 및 적과의 결탁으로 기소했기 때문이었다. 사실, 파리에 거주하고 파리에 직장을 둔 작가와 기자들 중에서 독일군과 접촉하지 않았던 이는 드물었다. 특히, 그의 직책과 권위, 그의 영향력과 고정관념

("영국을 속국으로 만들자"라는 생각)에도 불구하고, 베로는 독일군과 접촉하지 않았었다. 모든 점에서 모리악과 베로는 달랐다. 오직 작가라는 직업만이 그들을 이어주는 끈이었지만, 적어도 이 경우에는, 특히 이런 중대한 문제 앞에서는 자기편들기식의 연대의식이 발로해서 모리악이 나섰던 것이라고 할 수는 없었다. 베로는 자기에게 그런 응원의 메시지를 보낸 사람을 잊지 않을 것이다. 훗날 그는 회고록에서 그와 같은 입장을 취할 수 있었던 용기와 대담함을 다음과 같은 말로 치하했다. "그런 사막에서, 한 사람이 자리에서 일어서더니……."

1945년

▌1월

프렌 감옥에서 푸아시 감옥까지 죄수들로 가득했다. 베로가 "우리 감옥의 죄수명부는 「르 피가로」지의 사교면과 경쟁을 벌이고 있었다"라고 나중에 술회할 정도였다. 그에게는 절망에 빠지지 않을 약간의 이유도 있었다. 그가 있는 교도소에는 진성 파시스트가 소수였기 때문에, 베로는 중도파 부역자들 중에서 가장 유명한 인물이었다. 그가 날마다 마주치는 사람들은 「국가혁명」의 편집인인 뤼시앙 콩벨, 「아침」의 사주(社主) 아들이자 언론제국의 상속자인 기

뷔노-바리야, 「라 제르브」의 발행인인 알퐁스 드 샤토브리앙의 조카이며 베르사유 성 도서관장이고 친독단체인 '프랑스-독일'과 '협력'의 멤버이기도 한 피샤르 뒤 파쥐, 팽사르 장군과 조노 장군, 「오늘」의 편집인인 로베르 페리에, 왕년에 마르셀 데아의 오른팔로 은행가 이폴리트 보름스와 친분이 두터운 조르주 알베르티니, 「즈쉬 파르투」와 「라 제르브」에 글을 쓰던 카미으 페기 등이었다.

모리악이 베로의 편을 드는 기사를 썼다는 소식이 교도소 내에 쫙 퍼졌다. 모리악은 "조준 실수"라고 지적하면서 경미한 범죄 때문에 베로처럼 총살당한 자는 결코 없었다고 강조했다. "베로는 적과의 내통죄에 대해 무죄라고 입증할 필요가 없다. 심리 자체가 분명하게 그의 무죄를 입증했다.…… 그에게 선고된 형량은 최근 2년간의 열매, 독이 든 열매이다. 지난 2년 동안 그는 그를 사로잡은 광적인 악마에게 복종했었다. 다시 말해서, 타고난 논객의 온갖 자질을 다 보여주었다."

1월 13일, 드골은 베로를 사면했다. 정치적인 이유나 감성적인 이유 때문이 아니라 정의를 추구하려는 고심에서였다. 드골이 베로의 작품 『낙천가들』이나 『붉은 도로』를 읽어보진 않았겠지만, 적어도 베로의 서류를 검토해보니 적과 내통했다는 아무런 증거도 찾을 수 없었다. 베로는 "독일 군대에 입대하라고 프랑스인들에게 명령을 내렸던" 폴 샤크와는 정반대의 경우였다. 그래서 샤크는 처형되고 베로는 사면을 받은 것이었다. 심지어 베로가 속국으로 만들어

버리고자 했던 영국마저도 그의 사면을 요청하는 데에 개입했다는 소문이 나돌기도 했다. 여기저기서 그런 소문이 떠돌았고, 폴 레오토의 『일기』에도 적혀 있다. 하지만 영국이 그런 절차를 밟았다는 사실을 입증할 만한 어떤 흔적이나 믿을 만한 출처도 찾아내진 못했다.

월간지 「에스프리」는 숙청을 정화하자고 제안했다. 「에스프리」지는 숙청이 모든 사람들을 불만에 빠뜨리고 있다고 판단했다. 이 잡지의 지적에 따르면, 베로에게 사형선고를 내리는 순간에도 그의 상관이던 발행인 오라스 드 카르뷔시아는 기소조차 되지 않았고, 파리법원은 지방의 법원보다 훨씬 더 관대하고, 자기 사장이 연루된 문서를 태워버린 여비서는 무기징역을 받을 수도 있는 반면에 사장은 버젓이 활보하고 있다는 것이었다. 사실, 숙청의 원칙이 매우 애매한 듯했다. 「에스프리」지에 따르면, 외형상의 일관성을 지키기 위해서라도 숙청은 세 가지 방향에서 이루어져야만 한다는 것이었다. 첫째로, 관리들을 숙청해서 새로운 사람들을 관리로 채워야 하며, 둘째로 적과 내통했던 부역자들을 처벌해야 하고, 셋째로 조속하게 진정한 사회개혁에 착수해야 한다.

카뮈와 모리악의 논쟁에 불이 붙어 있었다. 한창 서로 치고 받는 중이었다. '자비에 대한 경멸'이라는 제목의 사설에서, 모리악은 카뮈가 특별소급입법을 주창한다고, "앞으로 쓸 작품을 내걸고서" 자비를 경멸하고 있다고 비난했다. 『결혼』, 『이방인』, 『시지프의 신화』의 작가이고 연극 『오해』가 점령하에서 공연되긴 했지만, 사실 카뮈는 '지하 저항활동'의 은덕에 힘입어 조금은 지나친 명성과 권위를 누리고 있었다. 카뮈 역시 「투쟁」의 사설에서, 그 당시 가장 중요한 논쟁이 동료 기자간의 이전투구로 전락하는 것을 피하려고 또 다른 화제를 끄집어냈다. "내가 숙청을 언급하며 정의를 외칠 때마다 모리악은 자비를 말해 왔다. 그런데 자비의 미덕이라는 게 참으로 특이해서 정의를 주장하는 내가 마치 증오를 부추기는 듯이 보이도록 한다. 모리악의 말을 들어보면, 날마다 벌어지고 있는 이 숙청에서 우리는 그리스도의 자비와 인간의 증오 둘 중의 하나를 반드시 선택해야 하는 것처럼 보인다. 그런데 그런 게 아니다.…… 우리는 그리스도의 자비와 인간의 증오 사이에서, 우리에게 치욕 없는 진실을 안겨줄 정의로운 목소리를 찾고 있다.…… 바로 이런 이유 때문에, 나는 자비가 이번 경우엔 아무런 할 일이 없다고 말할 수 있다.…… 내가 모리악에게 말하고자 하는 것은 내가 보기에는 우리 조국 앞에 죽음의 길이 두 개 있다는 것이다(죽음에 못지 않은 삶의 길들도 있다). 이 두 개의 길은 바로 증오의 길과 용서의 길이다. 두 길 모두 내게는 치명적으로 보인다. 나에겐 증오에 대한 어떤 구미도 없다. 그렇다고 용서가 더 나은 것으로 보이진 않는다. 지금으로 말하자면 용서는 모욕을 풍기는 것 같다. 아무튼 나의 신념은 용서가 우리의 몫이 아니라는 것이다. 나는 베로가 사형선고를 받을 만하지 않다고 분명하게 내 글에서 밝힌 바 있다. 하지만 고백하거니와, 반역죄로 선고받은 자들이 발목에 차고 있는 쇠사슬(모리악의 표현)을 나로서는 상상하고 싶지 않다. 우리에겐 너무나 많은 상상력이 필요했었다. 특히 지난 4년 동안 자신의 명예를 지키려 했던 수많은 프랑스인들에게는 말이다. 그런데 일부에서 오늘 순교자로 만들려고 하는 신문기자들은 저 프랑스인들을 날마다 온갖 유형의 고통에 시달리게 했던 자들이다. 인간으로서 나는 아마도 반역자를 사랑할 줄 아는 모리악을 우러러볼지 모르지만, 시민으로서 나는 모리악을 개탄한다. 왜냐하면 반역자에 대한 사랑은 우리가 원치 않는 사회, 반역자와 미천한 자들이 판치는 국가를 우리에게 안겨줄 것이기 때문이다."

1월 16일, 처벌과 사회개혁. 르노 자동차사의 국유화 조치가 내려졌다.

1월 19일, 파리 법정. 심리가 열렸다. 피고석에는 로베르 브라지약이 서 있었다. 35세. 기자이자 작가. 프렌 교도소에 구금된 죄수. 피고측은 단 한 명의 증인도 신청하지 않았다. 브라지약이 오로지 자신의 신념에 따른 심판을 받기를 원했기 때문이었다. 기소장의 대부분은 그가 쓴 기사들로 채워져 있었다. 재판장 비달*Vidal* 판사가 신문에 들어갔다. 서기가 간략하게 브라지약의 경력을 소개하고 혐의 사실을 낭독했다. 주간지 「즈 쉬 파르투」의 편집국장으로 재직하다, 1943년 여름 발행인과 몇몇 동료들과의 불화로 그만 둠. 「국가혁명」, 「라 제르브」 그리고 「에코 드 라 프랑스」지에 참여함. 브라지약이 했던 강연들 중의 하나를 인용하기도 한 서기가 명시한 바에 따르면, 브라지약은 「즈 쉬 파르투」의 편집국장으로서의 보수 외에도 출판사들(플롱, 드노엘, 갈리마르)로부터 돈을 받았고, 생-미셸 대로에 있는 독일선전부 소속 책방인 '리브 고쉬'의 자문위원 자격으로 도서교환권을 받았으며, 유럽작가회의 참석차 두 번에 걸쳐 독일 여행을 했고, 독일선전부 및 독일문화원의 책임자들과 가까운 관계를 유지했으며, 「즈 쉬 파르투」 1941년 3월호에 게재된 자신의 기사 덕분에 포로로 갇혀 있던 독일의 오플라그 수용소에서 석방된 바 있었다. 특히 시대 조류에 전적으로 편승했던 이 기사는 비시 정부가 1940년 7월 비스바덴 정전위원회에 제출한 브라지약 석방 탄원을 실질적으로 가속시키는 결과를 가져왔었다. 서기는 계속해서 낭독했다.

"아무 것도 모르는 철부지가 보기에도, 독일이 선전이라는 무기를 전쟁수단의 온전한 일부로 생각하고 있었다는 것은 명백한 사실이다.…… 피고가 적과 내통했다는 것은 독일 여행, 독일문화원 및 독일작가들과의 친분, 그리고 독일제국 선전센터로 알려진 독일 서점의 자문위원에 임명된 사실이 명백히 입증하고 있다. 변함없는 부역의 대가로 수용소에서 해방된 것 이외에도, 피고가 많은 원고료 수입을 올렸다는 것은 의심의 여지가 없다. 아마도 피고는 자기 책과 기사에 대한 인세로 적당한 수준의 수입을 올렸다고 주장할지도 모른다. 하지만 피고가 변함없는 부역의 대가로 얻어내려 한 것은, 첫째로 많은 재능 있는 작가들이 지하활동을 할 수밖에 없던 시기에 물질적으로 안정된 삶을 확보하는 것이었고, 둘째로 자신의 문학적 우월성을 확장시키려는 것이었다."

서기는 브라지약이 쓴 여러 기사들, 특히 반공산주의, 반유태주의, 반영국을 담고 있는 기사들을 낭독하는 것으로 혐의 사실 고지를 마쳤다. 이어서, 으레 있는 피고 및 검찰 측 증인들의 등장이 생략된 반면에, 브라지약의 변호사인 이조르니는 다음과 같이 결론지었다. "논란의 여지없이" 정치적 성격을 띤 "소위" 부역에 해당하는 사실들을 나열하면서, 적과의 내통을 브라지약에게 적용하는 것이 부당하다고 역설했다. 이를 입증하려고 변호인은 1940년 10월 30일 페탱 원수가 라디오 연설을 통해서 프랑스 국민들에게 자기를 따라 부역할 것을 종용했으며, 이 메시지는 "명백하게도 절대 명령의 성격"을 띠고 있다는 사실을 상기시켰다. 또한 의회가 페탱 원수에게 전권을 위임하는 절차를 합법적으로 의결했으며, 브라지약은 "국가원수가 원하던 정책을 따른 것뿐이고, 따라서 그는 합법적인 정부가 내린 조치들을 실행에 옮긴 것뿐"이라고 변호인은 강조했다. 특히 이조르니 변호사는, 비시 정부의 책임자들이 아직 심판도 받지 않은 터에, 그 정부의 정책을 따랐다고 해서 한 시민이 죄를 범했다고 주장하는 것은 있을 수 없는 일이므로, 브라지약에 대한 판결을 유예할 것을 요구했다. 그의 변론은 논리에 호소함은 물론이고, 법의 공정한 집행에 호소하는 것이기도 했다. 이에 대해 검찰측의 르불*Reboul* 검사는 다음과 같이 응수했다.

"브라지약은 형법 75조(부록 2 참조)에 따라 반역죄로 기소되었습니다. 이것만으로도 재판이 성립되기엔 충분합니다. 여러분들은 공소장에 명시된 기소 사실들을 알고 있습니다. 만일 이 사실들이 입증된다면, 브라지약은 처벌을 면치 못할 것입니다. 이번 재판이 이미 진행된, 현재 진행중인, 그리고 앞으로 진행될 모든 재판들과 관계가 없다는 것은 너무나 자명한 사실입니다. 이 법정은 그 어떤 종류의 연관도 염려해서는 안 됩니다. 다른 한편으로, 이 재판은 공화국 임시정부가 정한 법령에 따라 진행되고 있으며, 이 법령은 소위 비시정부가 내린 조치들에 대해 원칙적인 무효를 선언하고 있습니다. 따라서 모든 부역행위들은 불법적인 것이고, 그 어떤 법리논쟁도 끼여들 수 없습니다."

이어 검사는 피고측의 결론을 인정하지 말 것을 요구했다. 그러고 나서 로베르 브라지약에 대한 심문이 시작되었다. 1930년 「랭트랑시지앙*L'Intransigeant*」을 통해 데뷔했던 시절의 활동, 「프랑스행동*L'Action françaises*」에 기고한 문학 관련 기사들, 점령 하의 기사들…… 브라지약은 조목조목 대답하고 수정하면서, 인정할 것은 인정하고 부인할 것은 부인했다. 재판장 비달 판사가 세계작가회의 참석차 두 번에 걸친 독일 여행에 관해 물었다.

"피고는 독일 지성인들과 부둥켜안고 인사를 나누기에 적절했던 시점이라고 생각하나요? 그 당시 날마다 동포들이 강제수용소로 보내지고 있다는 사실을 피고도 알고 있지 않았나요? 그런데도 독일 지성인들과 건배를 하러 간다고! 피고는 그게 정상적이라고 판단하나요?"

이에 브라지약이 대답했다.

"재판장님, 1941년의 독일 점령 시기는 그 이후보다는 훨씬 더 평온했다고 생각합니다. 바이마르에서 총회가 열리던 그때는 우리가 1943년과 1944년에 뼈저리게 겪었던 공포를 모르고 지내던 시절이었습니다."

"이미 1941년부터 뱅센느에서는 매일 아침 총살당한 양민들의 명단이 발표되고 있었어요. 파리 사람들 모두가 그걸 알고 있었어요."

"아닙니다. 바이마르 총회가 열릴 당시에는 아닙니다. 게다가 해군 장성 다를랑이 다음과 같이 말했던 것을 재판장님께 말씀 드리고자 합니다. 즉, 가는 곳마다 프랑스의 영향력이 행사되어야 한다는 것이었습니다. 내가 보기엔 이러한 영향력 강화 정책이 곧 프랑스 정부가 내세우고 있는 정책인 듯했습니다. 바이마르로 가던 우리에게 프랑스 국민으로서의 자격을 포기하라는 어떤 종류의 압력도 없었습니다. 우리는 바이마르에서 중립적인 작가들을 만났습니다. 바이마르 총회에는 스위스 작가들도 있었고, 스웨덴 작가들과 포르투갈 작가들 그리고 스페인 작가들도 참여했습니다."

"이 나라들은 점령당하지 않은 나라들이네요."

"이 나라들은 점령당하지 않은 나라들이었습니다. 맞습니다. 재판장님. 하지만 프랑스는 그래도 계속해서 살아가야만 했었습니다. 점령 정책, 부역 정책은 프랑스 국민들이 계속해서 살아갈 수 있도록 해주는 정책이었고, 프랑스 국민들로 하여금 점령자와 피점령자 사이에 일종의 부역주의라는 장막, 비록 아주 얇은 장막이긴 했지만, 아무튼 그런 막을 치도록 해주는 정책이기도 했습니다. 부역의 문제점이 있는 것은 사실이었지만, 그래도 나는 부역이 점령자와 피점령자 사이에 하나의 막을 쳐준 것이라고 주장하는 바입니다."

재판장인 비달 판사가 독일검열기관과의 관계를 언급하자, 브라지약은 파리에서 근무하는 모든 기자들과 마찬가지로 어쩔 수 없는 일이었으며, 이 '관계'는 「즈 쉬 파르투」의 검열교정쇄를 가져갔다 다시 가져오는 일을 맡은 수송담당자에 국한되어 있었다고 대답했다. 그러나 재판장이 독일문화원과 이 기관의 지도부 인사들인 에프팅그와 브레머의 관계를 묻자, 브라지약은 더욱 상세하게 대답했다. 재판장이 집요하게 추궁했다.

"피고는 관계라고 말했지요. 그래요, 지적인 관계라고 했지요. 피고는 극도로 섬세한 정신의 소유자이기에, 독일 지성인들이 하수인들에 불과하다는 사실을 충분히 알고도 남았겠지요. 독일 지성인들은 무엇보다도 100% 나치들이에요. 나치를 위해 일하는 자들이고, 나치즘과 나치즘의 수장을 우상화하는 데에 모든 시간을 보내는 자들이에요. 결론적으로 이 점에서도 역시, 피고가 그토록 자랑스레 떠드는 지적 관계를 유지할 시기가 아니었을 것이오."

"재판장님. 그렇게 생각할 수도 있습니다. 하지만 나는 지적인 차원에서도 영향력 강화 정책 또한 필요한 정책이었다고 생각합니다. 양심 있는 프랑스 지성인이라면, 어느 누구도 독일문화원을 비난할 수 없습니다. 물론 독일문화원의 독일인들이 프랑스에서 독일인으로서 행세했던 것은 사실입니다. 그들은 독일인임을 부정하지 않았습니다. 하지만 그들은 프랑스인들에게 프랑스인으로서의 자질을 조금이라도 버리라고는 결코 요구하지 않았습니다."

"피고는 독일인들을 도와 독일을 선전한 것이에요."

"아뇨, 재판장님. 독일문화원이나 그 어느 기관에서도 나에게 독일 선전에 나서라고 요구하지 않았습니다. 나는 독일문화원에서 많은 사람들을 만났습니다. 이들 작가들 가운데 여럿은 내가 그들의 이름을 함구하는 자비를 베풀지 않는다면, 아마도 매우 어려운 처지에 몰릴지도 모릅니다. 그런데도 내가 이 자리에서 밝힐 수 있는 것은 출판계의 유명인사인 가스통 갈리마르를 내가 딱 한 번 만난 적이 있는데, 바로 독일문화원에서였다는 것입니다. 아울러 프랑스의 주요 대사(大事)가 모두 독일문화원에서 벌어졌다는 것도 말할 수 있습니다. 뒤아멜, 장 지로두 등등. 나는 장 지로두가 반역자라고 생각지 않습니다. 그는 오늘날 레지스탕스 신문들로부터 거의 순교자처럼 추앙 받는 위대한 프랑스인입니다. 독일문화원에 가는 것은 대사가 외국에 나가는 것과 꼭 같은 일이었다고 생각합니다.…… 독일이란 어떤 나라인가를 알아야 합니다. 독일과 대화를 나누기 위해서는, 독일의 힘을 인정할 수 있기 위해서는, 경우에 따라 독일의 힘에 맞서기 위해서는 독일을 이해해야만 합니다."

네 명의 독일인이 운영위원회에 참여하던 서점 '리브 고쉬'에서 그가 맡았던 직책에 대해 재판장이 비난하자, 브라지약은 이 서점이 프로파간다와는 무관하다고 반박했다. 그의 주장에 따르면, 이 서점에서는 독일 책과 프랑스 책이 3:1의 비율로 팔리고 있었고, 아라공과 엘자 트리올레의 책을 포함해서 당시에 출판된 책들을 쌓아두거나 진열창에 전시하고 있었다는 것이었다.

"책방에 불과한 게 어떻게 프로파간다를 한다는 말입니까? 프로파간다를 하는 것은 바로 출판업자들입니다.…… 그 책방은 영리를 추구하는 하나의 영업점포에 지나지 않았습니다."

보다시피, 재판장 비달 판사의 브라지약 심문은 지성인의 책임을 문제 삼는 것이 아니었다. 그보다는 기소 사실들에 대한 좀더 심도 있는 확인 절차였다. 문제의 핵심에 다가가기 위해서는 검찰측의 논고를 기다려야 했다. 르불 검사는 아주 노련하게 문학비평가로서의 브라지약의 자질을 높이 평가하는 것으로 논고를 시작했다.

아울러 검사는 완벽한 고전 지식으로 당시 많은 젊은이들에게 지성인의 귀감으로 비쳐지던 브라지약을 추켜세웠고, 또한 사람들을 설득하고 이끌어들이는 그의 능력도 높이 평가했다. 공연한 말이 아니었다. 브라지약이 범한 '권위 남용'을 더욱 두드러지게 비난하기 위한 의도에서였고, 배심원들에게 "이와 같은 고도의 지성을 갖춘 피고는 자기가 무엇을 하는지 분명하게 알고 있었기에, 정상참작의 여지가 없다"는 것을 설명하기 위한 것이었다.

무죄석방이냐 아니면 사형이냐. 르불 검사가 꺼낼 수 있는 유일한 카드였다. 그러면서 배심원들의 결정을 종용하기 위해서, 검사는 휴머니스트 브라지약과 논객 브라지약의 모순을 간파해 달라고 배심원들에게 요구했다.

"그의 붓은 금세기 최고의 미문(美文)을 만들어내기 위해 마르셀 프루스트의 줄줄이 이어지는 복합문과 몽테를랑의 여성 폄하 어투들을 낱낱이 섭렵했습니다. 바로 그런 붓이 다음과 같은 글을 썼습니다. 이 글을 보면 그의 모든 재능이 악녀의 장광설에 바쳐진 것 같습니다. "프랑스 공화국은 아우성치는 늙은 창녀이고, 퀴퀴한 파출리 향기와 냉대하 냄새를 풍기는 매독 걸린 매춘부이다. 보도에 서서 손님을 기다리는 이 창녀가 풍기는 냄새를 맡지 않는 날이 언제나 올까나. 심신이 망가지고 깨진 창녀는 자기 집 문간 앞에서 단골들에 둘러싸여 있다. 나이 어린 자식들뿐만 아니라 나이 먹은 어른들도 그녀에게 들러붙어 살아간다. 그녀가 이들에게 얼마나 많은 돈을 가져다주었던가. 그러니 어찌 이들이 임질과 종양에 걸린 그녀를 버릴 수가 있겠는가. 그들은 뼛속까지 썩어 있다……."

위 글을 인용하고 나서 잠시 후, 르불 검사는 다시 논고를 이어 갔다.

"브라지약의 반역은 무엇보다도 지성의 반역입니다. 자존심의 반역입니다. 이자는 순수 문학의 한가한 논쟁에 진력이 났습니다. 이자에게는 독자, 공론의 장, 정치적인 영향력이 필요했던 것입니다. 이자는 독자와 공론의 장과 정치적 영향력을 얻기 위해 모든 것을 할 만반의 준비가 되어 있었던 것입니다.…… 바로 이 점이 브라지약의 행위들을 설명해주는 것이고, 그것을 위해서 그는 극단적으로 적과 내통했던 것입니다."

점령 하에서 브라지약이 쓴 기사들을 충분하게 수집한 터라, 검사는 논고를 진행하는 데에 아무런 애도 먹지 않았다. 검사는 브라지약의 반공산주의와 반유대주의에 대해서는 '반역자'에 대한 논고보다 훨씬 더 신랄하게 비난했다. 다시 말해서, 나라를 반역한 자보다도 지성인들을 반역한 자를 훨씬 더 나무랐다. 이를테면 검사는 다음과 같은 브라지약의 글을 인용했다. "만일 어느 도(道)에서 도지사나 지도층 인사가 국가가 명하는 이데올로기에 반하는 교육을 한다면, 그런 자는 즉시 제거되어야 한다." 이 글을 인용한 것은 브라지약 그 자신이 지적인 자유를 전통으로 삼고 있는 국가와 소르본 대학에서 자란 사실을 상기시키기 위한 것이었다.

"제 생각으로는 바로 이 점에서 가장 심각한 지적 범죄를 저질렀다고 생각합니다.…… 피고가 파시스트가 된 것은 바로 공화국의 하늘 아래서 모라스가 공화국에 반(反)하는 글을 썼기 때문이라는 사실을 잊어서는 안 됩니다.…… 브라지약, 당신은 그른 짓을 했습니다. 그러기에 결론은 뻔합니다. 사형. 나는 당신에게 사형을 구형합니다."

피고측 변호인인 이조르니 변호사는 변론 모두에 국민전선[16] 위원이자 유명한 학술원 회원인 프랑수아 모리악이 자신에게 보낸 편지를 지체 없이 인용한다. "로베르 브라지약은 같은 세대의 인물들 가운데 가장 뛰어난 머리를 가진 사람 중의 하나입니다.…… 법정이 그를 맹목적이고 열정적인 정치훈련생이라고 판단한다면, 너무 어린 나이에 이념 체계와 완벽한 논리 속에 빠진 것이라고 판단한다면, 법정은 아마도 나의 이런 증언에 약간의 의미를 두게 될 것입니다. 브라지약은 늘 나를 적으로 취급했었습니다. 그럼에도 불구하고 나는 저 뛰어난 재능이 영원히 꺼져버린다면, 그것은 프랑스 문학에는 커다란 손실이라고 생각하는 바입니다."

이 편지를 낭독하자 법정이 약간 술렁거렸다. 브라지약은 자신의 책 속에 들어 있는 프랑수아 모리악에 대한 모든 공격을 다음 재

---

16) 1941년에 출범한 대독저항운동단체.

판본부터 삭제해달라고 요구했다. 당연한 일이었다. 변호사가 변론을 다시 이어갔다.

"붓을 뺏긴 작가는 쓸모없는 존재입니다. 그런 자에게 사형을 요구하는 건 어려운 일이 아닙니다. 하지만 지금 이 순간에도 무기상들의 배후에는 여전히 국적 없는 자본주의 유령 세력들이 진을 치고 떠돌고 있습니다. 그런 자들에 대해 여러분들은 침묵을 지키고 있습니다.…… 여러분, 후에 나에게 제기될 반론이 들립니다. 시인을 상대로 변론하는 게 아니라고 말입니다. 작가를 상대로 변론하는 게 아닙니다. 「즈 쉬 파르투」의 편집국장에 대한 변론을 하는 것입니다. 이제 여러분께 이 「즈 쉬 파르투」에 대해서 말을 해야 하겠습니다."

이조르니 변호사는 아카데미 프랑세즈의 종신 사무총장인 앙드레 벨르조르, 아카데미 프랑세즈에 참여했던 마르셀 에메와 장 아누이를 거명하면서, "이들의 애국심에 대해서는 누구도 비판을 한 적이 없었다"고 지적했다. 변호사는 더 나아가 "반역과의 전쟁의 상징"인 최고재판소의 예심위원장 피에르 부샤르동을 거명했다. "부샤르동 위원장이 1942년 6월 22일자 「즈 쉬 파르투」에 인터뷰를 허락한 것은 이 신문을 후원하는 데에 자신의 이름을 허락할 수도 있다고 판단했기 때문이라고 나는 주장하는 바입니다. 당시 「즈 쉬 파르투」에서는 정치적 관점에서 볼 때 논란의 여지가 있는 캠페인을 벌이고 있었습니다. 하지만 당시 부샤르동은 이 캠페인이

애국적인 감정에서 우러나온 것이므로 논란의 여지가 없다고 보았던 것이었습니다."

이조르니 변호사가 보기에, 브라지약에 대한 재판은 두 말 할 것 없는 여론 재판이었다. 단, 형법 75조에 걸릴 수 있는 세 가지 사실을 제외한다면 말이다. 즉, 독일이 오플라그에 갇혀 있던 브라지약을 풀어준 정황(변호사의 말에 따르면, 비시 정부가 그를 영화부 장관에 임명하려고 독일에 요청했다고 한다), '리브 고쉬' 서점의 운영위원회에 참여한 것(겨우 몇 권의 책을 얻었을 뿐이었는데……), 그리고 두 번의 독일 여행(다른 작가들의 경우에는 범죄로 결코 간주되지 않았던).

이 정도의 경미한 죄에 대해 사형을 구형할 수는 없다면서, 이조르니 변호사는 여론 재판이라는 것에 대해 변론을 늘어놓았다.

"이 재판은 사고의 지속성에 대한 재판입니다. 자신의 사고를 부인하려 하지 않는 한 인간에 대한 재판입니다. 자 바로 이것이 이 재판의 진짜 모습입니다.…… 자신의 지적인 혹은 문학적인 우월성을 확보하기 위해서 자기 조국을 배반하지는 않습니다."

이어서 이조르니 변호사는 검찰을 몰아세웠다. 지난 4년 동안 유태인, 부역거부자, 공산주의자들을 기소하고 처벌한 게 바로 '부역 검찰'이었고, 점령군은 그렇게 기소된 자들 가운데서 인질을 선택했다고 주장했다. 변호사는 비난을 하려는 게 아니라 사실을 밝히려는 것이었다.

"그래요, 검사로서의 의무를 다한 것이었지요. 검찰이 공산주의자들을 심판하는 일을 맡지 않았다면 독일인들이 맡았을 테고, 그렇다면 더 많은 사망자가 발생하게 될 거라고 검사 여러분들은 생각했겠지요."

피고측 변호인의 변론이 끝나고, 브라지약이 아무 말도 덧붙이지 않자, 재판장은 법정이 대답해야 할 질문들을 읽어 내려갔다.

"프랑스를 상대로, 혹은 추축국과의 전쟁에 참여한 연합국의 한 국가를 상대로, 온갖 수단을 다해 독일의 공격을 용이하게 할 목적으로, 피고가 1940년 6월 16일 이후 독일 정부나 독일 첩자와 내통해 온 것은 유죄인가?…… 그리고 그런 의도가 있었는가?"

위의 두 질문에 대한 대답은 모두 긍정이었다. 브라지약은 사형을 선고받았다.

브라지약에 대한 재판이 진행되는 동안에도 숙청은 제 길을 가고 있었다. 출판계에 난리가 벌어졌다. 소를로 출판사가 아무런 일도 없었다는 듯이 신작 광고를 하는 것을 본 세게르스는 출판계숙청위원회에서 탈퇴해버렸다. 더 이상 참을 수 없었던 것이다. 출판계숙청위원회의 무능력을 신랄하게 비판한 것이었다. 얼마 뒤, 베르코르 역시 탈퇴했다. 베르코르는 「프랑스 문예」의 1면에 기고한 글 〈사회악〉에서 반윤리적 모순을 지적했다. 즉, 많은 신문들이 부역작가들에게 내려진 사형선고를 "고집스럽게 그리고 만족스러운 투로" 보도하는 동시에, 그런 기사의 바로 옆이나 다음 면에는 이 부역작가들이 전속된 출판사의 신작 광고들을 싣고 있는 모순을 비난한 것이었다.

1월 24일 리옹. 론 *Rhône* 지방법원. 방청석을 가득 매운 인파와 마주한 피고석에는 두 사람이 서 있었다. 한 사람은 일간지 「프랑스행동」의 공동발행인인 모리스 퓌조였고, 다른 한 사람은 20세기 전반의 사상사에서 두말할 것 없이 "지성인"으로서의 영향력과 책임이 막강했던 샤를 모라스였다. 모라스는 보란 듯이 비시 정부의 상징이던 도끼 문양 단추를 단 제복을 입고 있었다.

서기는 1940년 6월 10일에 있었던 「프랑스행동」지의 리옹 이전 사실부터 낭독한 뒤, 마침내 모라스가 쓴 정치 기사들에 대한 기소 내용을 읽어 내려갔다.

"모라스의 기사들은 날마다 라디오에 인용되었고, 다른 모든 신문에 다시 게재되었으며 외국에까지도 발송되어서, 단 한 번도 「프랑스행동」을 사 본 적이 없었던 사람들조차도 페탱의 사고를 대변하는 모라스가 오늘은 어떤 생각을 하고 있는지 알 수 있을 정도였다. 그러기에 프랑스 국민에 대한 모라스의 영향력은 대단했다. 사실대로 말하자면, 심지어 그의 영향력은 절대적이었다. 이 교활한 궤변론자의 논리와 기만적인 논거제시에 현혹된 일부 대중들은 페탱을 신뢰했는데, 당시 이를 '밤의 믿음'이라 불렀다. 이처럼 눈 먼 여론은 속고 있었으며, 이러한 허위 선전 덕택에 페탱과 비시 정부는 직접적이든 간접적이든 독일이 이득을 보게 될 일련의 조치들을 취할 수 있었던 것이다."

수많은 기사들을 인용하고 있는 기소장에 따르면, 모라스가 드골 지지자들을 공격한 반면에 친독의용대는 옹호했으며, 실명을 거론하며 사람들을 비난했다고 한다. 이어 모라스의 캠페인에 합류했던 모리스 퓌조에 대한 기소장 낭독이 이어졌는데, 「프랑스행동」의 공동발행인으로서 신문에 어떤 기사들이 실렸는지 훤히 알고 있었기 때문에, 그에 대한 책임을 져야 한다"는 것이었다.

재판은 나흘 간 이어졌다. 검찰측 논고에서 토마 검사는 처음부터 여론 재판이 아니라는 점을 부각시키려 했다. 그는 두 시기를 구분하고자 했다. 즉, 모라스가 모멸하고 비난하는 정치 집단이나 인종 집단들이 대응할 수도 있었던 전쟁 이전과 그렇게 할 수조차 없었던 점령기간을 구분하고자 했다. 검사는 모라스가 단지 형법 75조의 반역죄 때문에만 기소된 것이 아니라, 형법 76조에 반(反)해서 "외국 군대에 도움을 줄 목적으로" 언론 캠페인을 이용해 국민과 군대의 사기를 저하시켰던 사실도 상기시켰다. 검사는 오로지 사실, 즉 모라스가 쓴 기사들에만 근거하고자 했다.

"모라스는 모든 책임을 져야 합니다. 이 늙은이는 너무나도 명철한 정신의 소유자입니다. 이 사람은 이론가이고, 완벽한 교조주의자입니다. 심문하는 동안에 '당신은 당신의 이론을 너무나 밀고 나간 나머지 어떤 점에서는 독일을 도와주었다'라고 그에게 말했더니, '난들 별 수 있겠는가'라고 대답했습니다. 이자는 교조주의자입니다. 편협하고 공상에 빠진 교조주의자입니다. 아무튼 현실은 애국자들이 총살당하고, 밀고당했으며, 이자가 우리 군대와 군지도자들을 향해 욕을 퍼부었다는 것입니다. 모라스는 그의 재능을 다해서, 그리고 아카데미 프랑세즈 회원으로서의 천재적 기질을 발휘해서 조국 프랑스에 엄청난 해악을 끼쳤습니다.…… 그는 여러분들에게 모든 교조주의자들이 그렇게 하듯이 이렇게 말할 것입니다. 내 제자들이 나의 사상을 남용했다고 말입니다. 하지만 이자처럼 뻔질나게 글을 쓰는 논객일 때, 누구나 종종 그의 기사들을 읽을 수 있을 때(그의 기사들이 항상 쉽게 내용 파악이 되는 것이 아니어서 제대로 이해하진 못하지만), 그는 희생자들과 레지스탕스 대원들에 대해서만 책임이 있는 것이 아니라, 레지스탕스를 공격했다가 현재 재판을 받고 있는 자들, 그리고 이미 사형선고를 받아 처형된 자들에 대해서도 책임이 있다는 것입니다."

그래서 검사는 모라스의 사형을 구형했다. 그리고 퓌조에 대해서는 "그의 스승과 운명을 같이 해야 하는지 그렇지 않은지"를 배심원들의 판단에 맡겼다. 하지만 피고들의 주장이건, 변호인들의 변론이건, 검찰측의 논고이건 간에, 지성인으로서의 책임 문제는 거의 거론되지 않아서 심층적인 논쟁의 자리를 마련할 수 없었다.

엄밀히 말해서 정치인 모라스를 그의 글을 통해 심판하는 데 그친 것이었다. 공산주의자 클로드 모르강이 지적했듯이, "모든 파시즘의 정신적 지주"이자 비시 정부 고위 관료들의 사상적 대부인 모라스를 심판한 것은 아니었다. 모리스 퓌조의 변호인인 브뢰이약 *Breuillac*은 모라스와 퓌조가 40년 전부터 우정을 맺어온 관계는 인정하면서도, 직업상으로 둘을 분리시키려고 애를 썼다. "모라스는 지도자로서「프랑스행동」에서 마음 내키는 대로 할 수 있는 자유를 가지고 있었습니다. 그런데 여러분들은 샤를 모라스의 기사를 비판하거나 인정하지 않거나 싣지 말도록 할 권리가 모리스 퓌조에게 있다고 생각하십니까?…… 형법상으로는 다른 사람들이 한 일에 대해 그에게 책임을 지라고 할 수 없습니다."

최후 진술에서 모라스는 심리가 진행되는 동안 독일에 대해서는 너무나도 많은 말이 오고간 반면에, "이 사건의 핵심에 대해서, 즉 프랑스에 대해서, 오로지 프랑스에 대해서만, 거듭 프랑스에 대해서만, 너무나도 많은 고난과 불행에 빠졌던 영원한 프랑스에 대해서는 거의 말이 없었다"고 유감을 나타냈다. 퓌조는 모라스에게 경의를 표했다. "내 삶이 영광스러운 것은 샤를 모라스의 동반자였다는 데 있습니다." 그리고 그는 프랑스 국민들의 우정의 부활을 희망한다고 말했다.

프랑스에 적대적인 세력의 침략을 도울 목적으로, 모라스는 적과 혹은 적의 첩자들과 내통한 죄가 있는가?

―그렇다. 과반수의 배심원의 판결이었다.

―그러면 퓌조는? 배심원의 판결은 "아니다"였다.

―모라스는 의도적으로 그랬는가? 과반수의 배심원이 "예"라고 판결했다. 하지만 배심원은 정상참작을 인정했다. 모라스는 공민권 박탈과 무기징역을 선고받았다. 퓌조에게는 공민권 박탈과 2만 프랑의 벌금형에 5년 징역이 선고되었다. 형이 선고되자 모라스는 "드레퓌스의 복수"라고 외친 반면에, 퓌조는 "프랑스 만세"라고 했다. 「르 피가로」지의 법원 출입기자인 에두아르 엘세는 가장 까다로운 숙청 재판인데도 프랑스 국민이 두 쪽으로 나뉘지 않았다고 진단했다. 법원을 나선 청중들이 사온 *Saône* 강을 미처 건너기도 전에 러시아의 반격과 베를린 진군이라는 더욱 심각한 사건들이 터졌기 때문이었다. 그렇다고 해서 모라스가 던진 종말이라는 낱말이 어울리지 않는 것은 아니었다. 「프랑스행동」을 창간했던 모라스가 생각하기에도 재판의 결과는 당연했다. 하지만 이제 새로운 역사를 맞이하는 1945년의 프랑스에서, 또한 새롭고 다른 미래를 향해 열려 있던 유럽 대륙에서도, 드레퓌스파 혹은 반드레퓌스파의 문제는 비록 '상징성'은 있었지만 전적으로 시대에 뒤떨어진 옛날의 문제였다. 시간이 흐른 뒤 되돌아보면 더욱 그렇다. "모든 것을 고려해 볼 때, '독일에 부역한 대가로' 모라스를 벌한 것은 드레퓌스의 복수라기보다는 한 세상의 종말이었다." 새로운 전기를 마련하던 한 세상에서, 지난 세기의 인간인 모라스는 이미 끝난 인간이었다.

1월 25일 밤부터 다음 날 새벽까지 알베르 카뮈는 그의 작은 아파트 안에서 이리저리 서성거려야 했다. 마르셀 에메로부터 로베르 브라지약의 사면을 드골에게 요청하는 서명운동에 동참해 달라는 부탁을 받았기 때문이었다. 결국 서명을 하기로 결심한 것은 일간지「투쟁」의 편집국장 카뮈가 아니라 인간 카뮈였다. 인간 카뮈, 그는 골수 사형 반대자였다. 결단을 내리기가 무척이나 어려웠다. 양쪽에서 압력은 거셌다. 클로드 모르강은 다음과 같은 글을 쓰지 않았던가. "모라스와 브라지약 같은 자들은 그들이 저지른 죄에도 불구하고 여전히 지금까지도 일부 젊은이들에게 영향력을 미치고 있다. 이 영향력은 그들이 죽을 때에만 사라지게 될 것이다."

브라지약을 구하기 위해서 서명을 해야 할 것인가, 아니면 하지 말아야 할 것인가? 이 딜레마는 지성인에 대한 숙청 문제가 불거지면서 양심에 제기되지 않을 수 없는 문제였다. 물론 모두에게 그런 것은 아니었다. 시몬 드 보부아르는 서명을 거부했다. 카바이에스, 폴리체, 데스노스를 상기시키면서 그녀는 훗날 다음과 같이 회고했다. "내가 연대감을 느끼는 사람들은 저들처럼 죽은 친구들이거나 죽어가는 친구들이었다. 만일 내가 브라지약을 위해 내 손가락을 놀렸더라면 저 친구들이 내 얼굴에 침을 뱉어도 달게 받아들여야 했을 것이었다. 단 1초도 머뭇거리지 않았다. 제기할 가치조차 없는 문제였다." 그렇다고 그녀가 무관심한 것은 아니었다. 그녀는 사방팔방으로 노력한 끝에 기자석의 한 자리를 얻어 브라지약 재판을 방청할 수 있었다. 그녀를 놀라게 한 것은, 현안의 심각성에 비추어볼 때, 판사에서 기자들에 이르기까지 주역들이 보여주는 경솔한 처사와 어이없는 법 집행이었다. 순간적인 연민과 자신의 분노를 교환할 마음은 없었지만, 그녀는 "살인자를 희생자로 둔갑시킨 법정의 선고에, 비인간적인 모습을 부여하는 논리" 때문에 기분이 언짢았다.

보부아르에게 브라지약의 경우는 사상범이 아닌 것이 분명했다. "브라지약은 그의 고발 행위 및 살인과 동족상잔에 호소함으로써 게슈타포에 직접 부역했다."

결국 브라지약 사면 요구 탄원서에 서명한 사람들은 59명이었다. 폴 발레리, 장 폴랑, 장 슐름베르제, 귀스타브 코엔 등등(부록 3 참조). 이 서명자들 가운데 많은 사람들이 카뮈처럼 브라지약의 적이었지만 서명을 한 경우였다. 바로 이즈음 모라스는 자신의 재판점에서 브라지약을 필두로 한 「즈 쉬 파르투」의 기자들을 맹렬하게 비난하면서 브라지약에게 최후의 일격을 가하던 참이었다. 모라스의 이런 전략은 그의 변호사의 전략과 맞아떨어졌다. 모라스의 변호사는 모라스가 점령 기간에 치부하지 않은 것을 입증하기 위해서, 훨씬 더 많은 봉급을 받았던 베로와 쉬아레즈 같은 기자들을 집중적으로 공격했다.

▮▮▮▮ 2월

2월 3일 프렌. 브라지약은 자기를 지지해준 지성인들에게 감사의 편지를 썼다. "비록 조국이 처한 비극적 상황에서 나의 생각이 그들에게 충격을 안겨주었다고 해도, 나는 그들 모두에게 말하고자 합니다. 내가 범한 실수는 그 어떤 경우에도 조국에 해를 끼치려는 의도에서 출발하지 않았고, 나는 좋게든 나쁘게든 끊임없이 조국을 사랑했다고 말하고자 합니다. 아무튼 온갖 장벽과 분열에도 불구하고, 프랑스 지성인들은 이 서명운동으로 내게 크나큰 영광을 안겨주었습니다."(부록 4 참조)

이틀 뒤 법무부의 실무 담당 국장이 브라지약의 변호사인 이조르니에게 사면 요구가 거부되었다고 전화했다. 변호인은 사형수 브라지약의 독방으로 찾아갔다. 그의 시선이 말을 했다.

"모리악이 내게 전화했어요. 그는 회의적입니다."

브라지약이 대답했다.

"나는 한 번도 사면되리라고 생각해보지 않았습니다."

그러고는 대화가 드골에 관해 이어졌다. 이조르니 변호사는 확신했다. 드골이 브라지약의 처형을 끝내 승인한 것은 공산주의자들에게 빌미를 제공하지 않기 위해서라는 것이었다. 다시 말해서, 우파 지성인들 가운데 두 거물인 모라스와 베로의 재판 결과가 비교적 '온건했던' 데 대해 공산주의자들은 잘못된 아량을 베푼 드골을 비난하던 참이었다. 로베르 브라지약은 2월 6일 처형되었다. 11년

전 그날 콩코르드 광장에서 일어났던 유혈 폭동[17]이 진압되었었다는 사실을 기억하고 있는 사람들에게 이 날짜는 더없이 상징적인 날짜였다. 총살당하기 직전, 브라지약은 담당검사였던 르불에게 다음과 같이 말했다.

"나는 당신을 원망하지 않습니다. 나는 당신이 당신의 의무를 다했다고 믿는다는 것을 알고 있습니다. 하지만 이 말만은 당신에게 꼭 하고 싶습니다. 나는 말이에요, 나는 오로지 나의 조국을 위해 봉사한다는 생각 밖에 없었어요. 나는 당신이 나처럼 기독교인인 것을 압니다. 오직 신만이 우리를 심판할 것입니다."

기독교계 월간지인 「에스프리」는 적시에 철학자 장 라크루아가 쓴 '기독교적 자비와 정치적 정의' 라는 제목의 기사를 게재해서 입장을 밝혔다. 장 라크루아는 카뮈와 모리악의 중간에 위치한 듯했다. 중재자이자 심판자로서 그는 모리악이 베로를 동정한 데 대해 신랄하게 몰아세우며, "자비라는 개념에 대한 구역질"로 인해 숙청 문제가 오염되어 버렸다고 진단했다. 반역죄를 지은 주요인사들을 본보기로 처벌하는 것은 가장 고양된 기독교적 자비에 적합한

---

[17] 1933년 2월 6일, 프랑스 파시스트들이 파리 시내에서 일으켰던 대규모 유혈 폭동 사건.

것이라고 라크루아는 주장했다. 물론 자비라는 개념의 정의에 공감해야 할 테지만 말이다. 라크루아에 따르면, "자비란 곧 정의의 진행과정이고, 끊임없이 우리의 정의를 완벽하게 만들어나가야 하는 의무이기도 하다"는 것이었다.

전쟁부의 정보통제관이 주관하는 군검열에 따라 93권의 판금 서적 리스트가 발표되었다. 히틀러의 연설문 모음집, 뤼시앙 르바테의 『잔해』, 페르디낭 드 셀린의 팜플렛 3권, 폴 무세의 『시간이 우리편이었을 때』 등등. 한편, 문예계인사숙청위원회는 앙리 드 몽테를랑에 대해 아무런 제재도 가하지 않고 있었다. 몽테를랑이 「신프랑스지」와 「라 제르브」에 기사를 썼고, 특히 페탱에게 바친 책인 『하지』를 1941년에 갈리마르 출판사에서 냈음에도 불구하고, 이 위원회는 가장 강력한 제재인 영구제명 결정은 내리지 않을 망정 최소한의 처벌인 징계조치조차 내리지 않았다. 5월에 가서 위원회의 결정은 인준되었다. 그리고 1년 후, 작가숙청위원회는 몽테를랑에게 형식적인 징계를 내렸다. 1944년부터 소급해서 1년간의 출판금지령이었다. 점령 기간에 부역 언론과 부역 기관에서 몽테를랑과 비슷한 대접을 받았던 동료들에게 내려진 징계에 비하면, 우스꽝스러운 징계였다. 하지만 이미 프랑스 국민들은 훨씬 더 중요한 다른 일, 즉 얄타회담을 생각하고 있었다. 크리미아 반도의 얄타에 모인 처칠, 루스벨트, 스탈린은 유럽의 미래에 관해 논의하고 있었다.

3월

프랑스의 재건에 관해 드골이 연설하던 시간에, 최고재판소에서 첫 번째 재판이 진행되던 시간에, 지성인 드리외 라 로셸은 스스로 자신을 숙청하기를 택했다. 「신프랑스지」의 전 발행인이었던 그는 파리 17구에 있는 한 아파트 부엌에서 가스에 질식된 채 발견되었다. 감옥, 판사들, 형법 75조, 사면 요구 등을 마주치기보다는 죽음을 택한 것이었다. 드리외 라 로셸이 마침내 자살에 "성공했다"는 소문이 퍼졌다. 그는 가스가 제대로 작동되지 않을 경우에 대비해서 엄청난 양의 수면제도 복용했던 것으로 드러났다. 구(舊) 뇌이이 *Neuilly* 공원묘지에서 치러진 화장식에는 폴 레오토, 장 폴랑, 자크 오디베르티, 브리스 파랭, 갈리마르 부자(父子) 등이 참석했다. 드리외 라 로셸이 유언장에 명시하면서까지 참석해주기를 바랐던 친구 앙드레 말로는 이 자리에 올 수 없었다. 말로는 당시 전선에서 대령으로 활약하고 있던 중이었다.

그 주 일요일 노트르담 성당에서 파니치 신부는 다음과 같은 강론을 했다.

"감옥이나 강제수용소에서 박해받은 자들에게서, 특히 아무런 죄도 짓지 않은 무고한 사람들에게서, 하나의 감정이 커가면서 다른 모든 힘들을 흡수해서 에너지를 독점해 버립니다. 바로 증오라는 것입니다. 복수라는 것이 이제 고정관념이 되어가면서 우리에게 약속하고 있습니다. 복수가 이루어지는 날, 환한 불빛 아래서건 어둠 속에서건, 또 다른 고문, 또 다른 학살을 우리에게 약속하고 있습니다."

|||| **4월**

항공기기관 생산업체인 그놈-에-론사(社)가 국유화되었다.

이제 서점에서는 저항민병대에 관한 짧은 이야기와 레지스탕스에 대한 장편소설들 틈에 행정기관, 정당, 단체 등에 대한 숙청을 대중에게 알리는 책들이 보이기 시작했다. 그 중의 하나가 파이야르 출판사에서 발행한 장 케발의 책 『1면 5단』이었다. 다분히 도발적이면서도 엄청난 양의 정보들을 담고 있는 이 책은 점령기의 신문 및 기자 '연감'으로서 언론계의 밀고자 명단으로 활용될 수도 있었다. 적기에 출판된 이 책 덕분에, 관대함에 쫓기던 기억을 되살릴 수 있었고, 숙청을 주도하던 진영에는 힘이 솟아나기도 했다. 이 책에 누락된 언론기관은 하나도 없었다. 뷔노-바리야의 「아침」, 프루보스트의 「파리 수아르」, 민족사회당의 선전지인 「일하는 프랑스」, 독일선전부 홍보지에 해당하는 「오늘」, 마르셀 데아의 「작품」과 그 자매지들, 그렇게도 "다른 것"에 대해 말한다고 떠들어대던 「르 프티 파리지앵」, 장 뤼셰르의 「새시대」, 알퐁스 드 샤토브리앙의 「라 제르브」, 그리고 물론 「즈 쉬 파르투」 등등. 또한 수많은 기자들과 언론사주들의 프로필을 소개하고 있는데, 스테판 로잔의 경우처럼 꼼꼼하게 작성된 것도 있고, 앙리 장송이나 장 퐁트누아처럼 부실한 경우도 있었다. 저자는 서두에서부터 '경찰보고서'를 작성하려는 게 아니라고 밝혔지만, 책을 쓰려고 부역 언론을 읽다보니 결국에는 저자 자신이 물들어버린 게 아닌가 하는 생각이 든다. 왜냐하면 저자는 부역언론과 똑같은 윤리적 오류를 범하고 있으며, 동성애적 비유를 들어가며 비난하고 고발하고 중상하는가 하면, 감옥에 갇혀 있거나 재판 받는 중이어서 아무런 대꾸도 할 수 없는 '동료들'을 진흙탕 속으로 집어넣고 있기 때문이다. 물론 이들 중 많은 이들이 얼마 전까지만 해도 주저하지 않고 똑같은 짓을 했었다고 반론할 수도 있을 것이다. 결론적으로 장 케발은 "꽤나 충분한 증언 자료"를 제시한 것으로 판단했고, 이 자료의 의미는 "냉정한 심판에 맡길 수 있을 정도로 명백하다"고 생각했다.

논쟁에 찬물을 끼얹은 것은 아니었을까? 프렌 교도소와 푸아시 교도소의 독방에 갇힌 지성인들에게 이 책은 역겨웠고 거부감을 불러일으켰다. 특히 브라지약이 처형된 지 불과 몇 주 지나지 않은 시점에서는 더욱 그러했다. 그러나 일간지「국민전선」의 자크 드뷔-브리델은 냉정했다. 그는 브라지약의 문학비평이 담고 있는 가치를 고려하지 않았다. 반면에 히틀러에게 충성하기 위해 파시스트가 되도록 강요당한 수백 명의 젊은이들이 탈선하는 데에 기여한 '철면피한 독일첩자'인 브라지약의 책임만을 묻고자 했다. 드뷔-브리델에 따르면, 반역은 어떤 경우이건 정상참작의 여지가 없다는 것이었다. 그는 압력을 가하고자 했다. "5월 1일이 되면, 더 이상 적과의 내통죄로 기소되는 일이 없을 것이다. 숙청이 효과를 거두기 위해서는 신속하게 이루어져야 한다는 것은 훌륭한 원칙이다. 단 이러한 조치는 5월 1일자로 적과 공모했던 모든 자들이 실질적으로 형을 선고받았을 때에만 받아들일 수 있는 것이다. 우리 나라의 정의에 침을 뱉지 말자! 우리 정부가 죄를 짓는다면, 그것은 관대함의 죄일 것이다."

5월

관대하기도 했고, 독일의 항복 이후에는 특히 엄격하기도 했다. 이제 가장 고통받았던 사람들, 즉 포로와 강제수용소에 끌려갔던 사람들에게 관대함이냐 엄격함이냐를 선택할 권리를 넘겨야 할 때였다. 4월 10일 이후, 그들이 대대적으로 귀국했다. 그들에겐 그들 나름의 구분 기준이 있었다. 고문당한 자, 전쟁포로, 수용소 감독 등등. 그리고 해방된 유럽에는 아마도 삶과 죽음에 대한 백여 가지의 개념들이 있기도 했다. 그들의 이름으로 아니면 강제수용소에 남아 있는 동료들의 이름으로, 그들이 용서를 하건 복수심을 불태우건, 적어도 그들은 그럴 만한 이유가 있기에 그렇게 하는 것이었다. 어떤 사람들은 1940년 5월 이후 프랑스를 다시 보지 못했었다. 용서를 부르짖는 편과 복수를 주장하는 편을 보면서, 그들은 아연실색했다. 언론을 보면 형사-기자, 판사-기자, 변호사-기자들로 넘쳐 났고, 이들은 소위 '연루된'(당시 이 표현은 비난보다도 더 끔직한 의심을 뜻하는 말이었다) 유명 지성인들을 공개적으로 공격하거나, 아니면 그들을 구원하기 위해 나선 자들이었다. 독일군은 항복했지만, 프랑스에서는 여전히 빚갚기 판이 벌어지고 있었다. 대부분의 경우 이 결판은 집단이기주의적인 것이었다. 한편, 책임자 중의 책임자인 페탱과 라발은 아직 심판조차 받지 않은 상태였다.

6월

정의의 심판은 제대로 내려지지 않았다. 숙청 준비가 제대로 되어 있지 않았던 것이었다. 이것이 로제 스크레탱이 「에스프리」지에 기고한 글에서 내린 진단이었다. 그가 보기에, 법무부장관 프랑수아 드 망통은 알제에서의 준비과정에 너무 많은 시간을 보내버린 것이었다. 특히 숙청 절차가 매끄럽게 이어지지 못했다. 숙청을 적절하게 담당하는 기계 자체가 작동되지 않았다. 수사검사는 충분치 않은 반면에, 너무 많은 기소사건들이 미뤄지고 있었고, 믿을 수 없는 변호사들이 너무나 많았고, 무고한 자들이 너무나 많이 감옥에 갇혀 있었고, 너무나 많은 죄인들이 자유롭게 활보하고 있었다. 여러 사건들이 난무하면서 일부 사람들의 이상을 변질시켰고, 로제 스크

레탱은 눈살을 잔뜩 찌푸렸다. "레지스탕스 출신들의 요구가 지나치다는 둥, 그들의 권위 행위가 도를 넘어섰다는 둥, 온갖 해방위원회들의 선동이 너무 많다는 둥, 시골의 몇몇 발광자들이 원한에 사무쳐 횡포를 벌이는 경우가 많다는 둥, 밀고자가 숙청주도자로 변신한 경우가 많다는 둥, 공화국의 적들이 오늘 악담을 하고 있다. 우리는 다음과 같은 모순 앞에 분열되어 있다. 이 치졸한 과격 행위들을 감내할 것인가, 아니면 그와 반대로 죄인들을 용서할 것인가? 그런데 프랑스가 살아남기 위해서는 죄인들이 처벌을 받아야만 한다."

⊪ 7월

이제 유럽 대륙에서는 전쟁이 끝났다. 언론 검열도 끝났다. 6년간의 터부가 없어진 셈이었다. 군정보통제소는 마지막 판금 서적 리스트에 대한 성명을 발표했다. "이 리스트는 부역 정신을 담고 있는 작품들뿐만 아니라 '국가혁명이나 페탱의 이데올로기'의 원칙을 존중하는 책들을 배포 금지하기 위해서 작성되었다." 이 제재 조치는 개별작품에만 국한된 것이었지, 전국작가협의회의 리스트와는 반대로, 작가에게 적용된 것은 아니었다.

7월 11일, 파리의 센 법원. 폴 페르도네, 44세. 페르도네? 그의 이름을 아는 이가 있을까? 그의 재판에 몇 안 되는 방청객만이 온 것을 보면, 그의 이름을 아는 사람은 거의 없는 것 같았다. 그는 특히 별명 "슈투트가르트의 반역자"로 알려져 있었다. 독일군대가 파리에 입성하기도 전에 프랑스 국민들에게 무기를 내려놓으라고 호소했던 자, 바로 그자인 게 분명했다. 어쨌거나 거의 확실했다.

피고석에 있는 자는 사람이라기보다는 그의 목소리였다. 피고 맞은편에는 배심원들이 앉아 있었다. 화초재배자, 주물공, 직장인, 은퇴한 세무직원, 금은세공사 그리고 무직자로 배심원단은 구성되어 있었다. 기자 폴 페르도네에 대한 간략한 경력이 소개되었다. 1927년부터 베를린 주재 통신원으로 기자 생활을 시작, 지방 일간지에서 근무하다가 베를린과 파리에 사무실을 둔 통신사를 창설했고, 프랑스와 독일이 가까워지기를 바라는 내용을 담은 여러 권의 책을 출간했고. 그의 이름은 반유대주의 전단지나 친독 전단지에 자주 등장했으며, 그는 이 전단들을 파리에 있는 언론사 편집국에 발송했다. 그는 점령 이전부터 부역자였던 셈이다. 마침내 1939년 8월 그는 독일선전부를 지원하는 자료센터 소속 번역 담당 부서에 들어갔다. 1940년 4월에는 슈투트가르트 라디오와 직통으로 연결된 독일제국방송의 프랑스어 편집부에서 일했다. 그가 반(反)프랑스 논평들을 번역하거나 작성하는 일만 했을까? 아니면 직접 그러한 논평들을 낭독했던 것일까? 이에 대해 그는 다음과 같이 대답했다.

"제가 맡은 번역 일은 순전히 기계적인 작업이었습니다."

이 대답에 재판장이 지적했다.

"프랑스 국민으로서 자기 조국의 이익에 반하는 선전 작업을 기꺼이 받아들인다는 게 참 놀랍습니다."

"재판장님, 저는 강제 노동 처지에 있었습니다.…… 연합군에 발사할 포탄을 만드는 전시공장에 끌려간 징용노동자와 다름이 없었습니다."

"그런 비유는 법정이 알아서 참조하든지 안 하든지 할 문제입니다. 피고는 포탄을 제조한 것이 아니라, 프로파간다 문구를 만들었습니다."

"그 일이 강제로 제게 맡겨졌습니다. 제가 나서서 그런 일을 택한 게 아닙니다. 프로파간다용 텍스트들은 독일선전부의 고위관료들이 골랐습니다. 그리고 이 텍스트들은 선전국장인 사우터 박사에게 발송되었고, 사우터 박사가 제게 넘겨주었습니다. 저는 제게 주어진 것을 번역했습니다. 제게 넘겨진 텍스트에 대해 저는 책임이 없었습니다. 저는 단순노동자에 지나지 않았습니다."

"슈투트가르트 라디오 방송에서 마이크를 잡았나요?"

"결코 그런 적이 없습니다."

"그럴 수도 있겠지요. 아마도 그랬겠지요.…… 사실 피고 자신이 선전 텍스트들을 낭독하지 않았을 수도 있고, 군(軍)의 조사과정에서 피고가 아나운서들 중 한 명이었다고 잘못 생각할 수도 있는 일이지요.…… 피고는 슈투트가르트 라디오에서 근무하긴 했지만 마이크를 잡지는 않았을지도 모릅니다. 왜냐하면 피고는 라디오 방송에 어울리는 목소리를 가지고 있지도 않고 아주 뛰어난 화술의 소유자도 아니기 때문에 말입니다."

"진실은 제가 마이크를 잡고 싶어하지 않았다는 것입니다.…… 그리고 저는 베를린에 있었는데, 어떻게 슈투트가르트 라디오의 논평들을 교정볼 수 있었겠습니까?…… 저는 결코 직접적으로든 간접적으로든 슈투트가르트 라디오에서 부역한 일이 없습니다. 또한 결코 슈투트가르트 라디오의 마이크를 잡은 적도 없습니다. 따라서 한마디로 결론짓자면, 나는 '슈투트가르트의 반역자'가 아닙니다."

"피고에게 그런 직책을 맡기기 위해서는 독일군이 피고에 대해 각별한 신뢰를 가지고 있어야만 하는 것입니다."

"제가 맡은 일에는 글을 쓰는 일도 없었고, 어떤 지적인 작업도 없었습니다. 순전히 기계적인 작업에 불과했습니다."

페르도네는 계속해서 자신이 겪었던 건강상 그리고 금전상의 역경을 늘어놓았다. 그리고 슈투트가르트 라디오에서 프랑스 청취자들에게 선전전을 벌이고 프랑스 군대의 사기를 저하시키는 자가 독일인이 아니라 프랑스인 목소리인 게 낫다고 독일군이 판단했음에 틀림없다고 덧붙였다. 1941년에 그가 독일 라디오 방송을 떠나 잠적해버린 것은 이미 밝혀진 사실이었다. 그를 비난하는 것은 전쟁 이전의 부역 때문이었다. 페탱이 선택한 독일과의 휴전협정이 있기 전 몇 달 동안, 수많은 프랑스 국민들을 사로잡았던 신비한 목소리였다. 숙청이 시작되기 훨씬 이전에도 페르도네는 이미 그가 주장했던 프랑스 필패론으로 기소되어 재판 받은 적이 있었다. 라파엘 검사는 논고에서 그러한 사실을 환기시켰다.

"슈투트가르트 방송팀은 반역의 모든 것을 보여주는 집단이었고, 거기에선 모든 것이 한 사람, 바로 페르도네, 즉 슈투트가르트의 반역자를 중심으로 돌아가고 있었습니다. 그래서 1940년 3월 6일 파리의 제3군사법정은 궐석 재판에서 페르도네와 일명 생-제르맹으로 불리던 오브레스트에게 적과의 내통죄로 사형을 선고한 바 있습니다. 이번 재판의 수사와 심문 과정을 통해서, 페르도네는 결코 슈투트가르트 라디오에서 마이크를 잡은 적이 없고, 따라서 그가 저 전설적인 슈투트가르트의 반역자가 아니라는 사실은 거의 밝혀진 바 있습니다. 하지만 이 사건의 수사를 담당했고 법정에서의 심문을 다 들은 본 검사는 피고가 슈투트가르트의 반역자들 중의 하나라고 단정합니다. 또한 위에서 거명했던 제3군사법정이 슈투트가르트 라디오의 수석 아나운서에게 사형을 선고한 것이 잘못된 판결일 수도 있지만, 사실은 슈투트가르트 라디오 팀의 일원에게 형을 선고함으로써 잘못된 게 아니라고 주장하는 바입니다. 결론적으로 본 검사는 페르도네가 사형을 선고받고도 남을 만하다고 생각합니다."

검사는 "라디오 방송이 할 수 있는 것 가운데 우리가 상상할 수 있는 가장 희한한 시도"라고 지적하면서도, 이 경우 아나운서는 라디오 방송의 핵심 인물이 아니라고 진단했다. 정보조작의 중심기구는 정보들을 그러모아 정리한 뒤 방송에 내보내는 팀이었다. 검사는 페르도네에게 사형을 구형했다. 페르도네는 열두 발의 총알을 모면할 수 없게 되었다. 총살형과 같은 처형 방식을 가장 두려워했던 그였다. 피고측 변론에서 카자노바 변호사는 피고가 희생양일 뿐만 아니라 독일 여자와 결혼한 하급 고용인에 지나지 않다고 주장했다. 하지만 이러한 주장은 아무런 도움도 되지 않았다.

"여러분들은 저 유명한 슈투트가르트의 반역자가 누구인지조차 알지 못합니다. 하지만 여러분들은 그 자가 페르도네가 아니라는 것은 압니다.…… 피고는 한번도 논평기사를 작성한 적이 없습니다. 그는 어떤 사상을 탄생시키는 그런 유의 지적인 작업을 한 적이 없습니다. 그는 말을 바꾸는 번역작업을 했을 뿐입니다.…… 그는 적군의 프로파간다에 참여했던 지성인이 아닙니다. 비뚤어진 사고를 가졌던 지성인이 아닙니다. 그는 단지 명령에 따른 자, 보잘것없는 부역자, 반역죄를 뒤집어쓴 하수인에 지나지 않습니다."

확신에 찬 변호사는 감히 사형을 선고할 생각을 가진다는 것 자체가 놀랍다고 하면서, "마치 페르도네가 베를린에서가 아니라 독일 점령하의 라디오파리 방송에서 근무하던 누군가가 그런 죄를 범한 것처럼" 피고를 심판해 달라고 요구했다.

사형을 선고받은 페르도네는 8월 4일에 처형되었다.

7월 20일, 시인 폴 발레리 사망. 한 시대가 간 것이었다. 로제 니미에는 스무 살이었다. 또 다른 시대의 개막이었다.

마침내 페탱에 대한 재판이 열렸다. 본말이 전도된 채 숙청이 진행되고 있던 것이다. 이제 심판의 시간이 찾아온 것이었다. 페탱은 반역죄로 사형을 선고받았다. 드골 장군은 종신형으로 감형해주었다.

8월

알베르 카뮈가 한 발 물러섰다. 그는 이미 여러 달 전부터 깨닫고 있었다. 모리악이 전부 틀린 게 아니었다. 「투쟁」지를 상징하던 카뮈는 숙청이 시작된 지 1년이 지난 지금, 숙청은 실패했을 뿐만 아니라 숙청에 대한 평가도 나쁘다고 판단했다. 그는 1945년 8월 30일자 「투쟁」지 사설에서 "숙청이라는 낱말 자체가 이젠 역겨울 정도이다. 사태가 추악하게 발전해버렸다"고 토로했다. 그는 완벽한 실패라고 판단했다. 왜냐하면 숙청의 주역들이 증오와 비양심 사이에서 중용 지대를 찾아내지 못했고, 심리과정에서 정치문제가 무분별하게 개입되었기 때문이었다. 불공정하고 도를 넘어선 일련의 사태 앞에서 무능력하다는 걸 깨닫게 되자, 카뮈와 그의 측근들은 낙담했다.

자신의 입장을 더욱 잘 전달하기 위해서, 카뮈는 평화주의자 르네 게랭의 예를 들었다. 르네 게랭은 점령 기간 동안 일간지 「작품」의 문학담당 기자였다. 당시 마르셀 데아가 이 신문의 정치부장을 맡고 있었다. 게랭은 8년의 강제노역형을 선고받았다. 그런데 같은 법정이 조르주 알베르티니에게는 5년형을 선고한 바 있었다. 알베르티니는 "나치 소속 프랑스 외인부대의 모집책"으로, 전국대중연합당을 이끄는 마르셀 데아의 오른팔이었고, 점령 말기에 마르셀 데아가 장관으로 임명되었을 때 비서실장을 지냈던 인물이었다. 요컨대, 르네 게랭이 조르주 알베르티니보다 더 무거운 형을 선고받았던 것이었다. 카뮈는 르네 게랭에게 내려진 지나친 형은 논리상으로나 정의의 차원에서나 있을 수 없다고 판단했다. 게랭의 이념에 일말의 동정심을 품거나, 점령 하에서의 게랭의 처신을 인정하거나 하기 때문이 아니었다. 아무리 그가 참여하던 신문이 비난받아 마땅하다고 하더라도, 그 신문에 문학기사들을 쓴 죄로 강제노역형에 처할 수는 없다고 생각하기 때문이었다. "진짜 반역자에 대한 뚜렷한 정의와 명확한 개념이 없어서 그들을 처벌할 수 없는 시점에, 평화가 아니라 히틀러주의를 숭배하던 거짓 평화주의자들 틈에 어쩌다 끼이게 된 한 인간을 강제노역감옥에 보낸다는 것은 우리 사회 자체를 심판하는 것이다." 카뮈는 게랭이 아무도 밀고하지 않았다는 사실을 상기시키면서, 만일 그가 쓴 기사들 때문에 처벌을 받아야 한다면, 내실 있는 처벌이 되도록 그 처벌은 지나치지 않고 적절해야 한다고 주장했다. 그렇지 않으면, 그 심판은 국가가 내리는 심판이 아니라 한 계층의 사람들이 내리는 심판이 될 것이다. 그래서 카뮈는 레지스탕스에 참여했던 모든 여론 그룹을 향해 호소하면서, 르네 게랭을 구하기 위한 재심이 받아들여지기를 요구했다.

미국이 히로시마에 첫 번째 원자폭탄을 투하했다. 이어 사흘 뒤에는 나가사키에 투하했다. 8월 10일, 일본은 무조건 항복했다. 두 도시가 초토화되었고, 18만 명이 사망했다. 지성인 숙청에 관한 논쟁이 매우 하찮게 여겨지는 듯했다. 하지만 파리에서 볼 때, 핵우산은 너무나 멀리 떨어진 곳에 있었다. 물론 핵폭탄이라는 비극을 "통탄"하는 이들도 있었지만, 사람들은 곧 점령에 관련된 논쟁으로 되돌아갔다.

9월

전쟁이 끝났으므로, 임시정부는 도서출판에 관한 사전통제를 중단하기로 결정했다. 이번에는 공식적으로 사전검열이 완전히 사라졌다.

해방 1주기를 맞이해서 지난 1년간의 결산을 해보는 시점이었다. 생각이 바뀐 사람들이 있는가 하면, 그렇지 않은 사람들도 있었다. 생각이 바뀌지 않은 사람들 중의 하나가 클로드 모르강이었다. 그는 「프랑스 문예」에 다음과 같은 글을 썼다. "살인자 한 명이 사면을 받을 때마다 무고한 자의 가슴은 시퍼렇게 멍든다.…… 한 발짝만 더 내디디면, 몽테를랑에게 문을 활짝 열어줄 것이고, 그리고 한 발짝만 더 내디디면, 조르주 쉬아레즈가 순교자로 둔갑할 것이다. 이러한 협잡에 맞서서, 용기 있는 사람들이 함께 모여 용기와 대담함을 되찾아 안이한 휴전 정신을 버리고 투쟁 정신에 다시 불을 지필 때이다."

　9월 17일, 파리법원. 피고석에는 일명 파키라 불리는 33세의 장 헤롤드가 서 있었다. 이자는 마이크를 잡았던 게 확실했다. 그는 '라디오 주르날 드 파리'의 군 관련 담당기자이자 인기 진행자였었다. "영국이 카르타고처럼 파괴될 것이다"라고 라디오에서 말했던 바로 그 장본인이었다. 하지만 재판이 미리 끝난 것은 아니었다. 왜냐하면 이자는 매우 교활하고 영악한 인간이기 때문이었다. 청중은 그런 그를 잘 알고 있었다. 점령군에게 전폭적인 협조를 하면서도, 그는 독립적으로 행동한다는 환상을 심으려 했었다는 것을 청중들은 잘 알고 있었다.

　고등법원의 수석 재판장인 파일레 판사는 인정 신문 끝에 피고에게 말했다.

"피고의 방대한 기록을 검토해 본 결과, 있는 그대로 말해서, 피고는 부역자의 전범, 다시 말해서 반역자입니다."

"돈을 받지 않은 협조자였습니다. 재판장님."

"그렇다면 더욱 심각한 문제네요"라고 재판장이 지적했다. 그러고 나서 재판장은 피고가 풋내기가 아니었음을 상기시켰다. 왜냐하면 피고는 1938년 7월부터 라디오 사라고스 방송에서 "프랑스를 선전한다는 구실 하에 반역의 대열에 참여했고", 1940년 가을에는 비시 정권에 의해 오트 알프 지방의 프로파간다 지역책임자로 임명되었다가, 라디오 주르날 드 파리의 감독관인 독일군 장교 모렌쉴트에 의해 편집국에 채용되었기 때문이었다. 재판장이 점령 말기 몇 달 간 독일의 프로파간다를 맡은 대가로 월 3만 프랑을 벌었다고 나무라자, 그는 재판장에게 다음과 같이 답변했다.

"모리스 슈발리에가 1942년 11월 8일, 30분간 라디오 방송에 출연한 대가로 받은 금액을 나는 두 달 동안 일해서 받았습니다."

독일의 지령에 복종한 것을 비난하자, 그는 다음과 같이 반박했다.

"그것은 지령이 아니라 디트마르 장군이 제공한 정보들이었습니다. 디트마르 장군이 이건 쓰고 저건 쓰지 말라고 하진 않았습니다.…… 아뇨, 그렇게 하지 않았습니다. 디트마르 장군은 다음과 같이 설명했습니다. '우리는 그런 이유 때문에 이렇게 했다'는 식이었습니다.…… 나는요, 내 나름대로 이런저런 이유를 참작했습니다. 여러분들께 솔직하게 고백하자면, 디트마르 장군의 말에 악의가 있다고는 보지 않았습니다.…… 나는 군사비평전문가가 아닙니다. 이건 명백합니다. 나 이전에도 군사비평전문가가 아닌 기자들이 있었습니다. 나는 여기저기에서 얻은 자료들을 써먹었습니다. 다시 말해서, 독일 쪽에서 수집한 것이건 영국이나 미국 쪽에서 얻은 것이건 다 써먹었습니다. 나는 독일의 승리를 믿고 있었습니다. 나는 나의 신념들을 당시의 물질적 정신적 여건에 맞추고자 했습니다. 이건 사실입니다. 나는 적이 내건 프로파간다 내용들을 모두 설교하진 않았습니다.…… 내가 부역을 결심하게 된 것은 아주 간단한 이유에서였습니다. 1940년 당시 우리에게 길을 가르쳐 주던 위대한 군인이 있었습니다. 당시에 위대한 군인이라 불리던 그는 몽투아르에 갔습니다.…… 나는 내 손을 더럽힌 적이 없었고, 내 주머니에는 돈이 없었습니다. 나는 글로 먹고 살아가는 사람이었습니다. 이건 정확한 사실입니다. 나는 진지했기 때문에 울컥했습니다.…… 나는 내 책임을 감추려하지 않겠습니다. 나는 끝까지 내 책임을 전적으로 지겠습니다. 나는 아무 것도 부인하지 않습니다."

피고가 1940년 9월 불-독 화해에 동조하는 공산당의 전단을 인용하자, 파일레 재판장은 반론을 일소해버리는 유명한 말을 했다.

"정치 영역으로는 들어가지 맙시다!"

헤롤드-파키는 점령 하에서 적군을 선전하는 데에만 그치지 않았다. 그는 독일군이 퇴각하자 독일군을 따라갔고, '라디오 파트리'의 마이크를 통해 독일 영토로부터 프로파간다를 계속했다. 녹음 덕택에 방송이 나간 말들은 남아 있었다. 법정은 1944년 12월에 방송된 저 유명한 논평을 잊지 않고 인용했다. 이 논평은 다음과 같은 말로 끝을 맺고 있었다. "르클레르 장군과 그의 용병들은 날마다 알자스에서 살육을 자행하고 있다. 드골의 친구들이 그들에게 그 책임을 묻겠는가? 또한, 드골의 친구들이 오라두르-쉬르-글란의 희생자들[18]의 영령을 기리기 위해서 총동원령을 내리겠는가? 야만인 독일군, 학살자 독일군은 4년 동안에 오라두르-쉬르-글란밖에 불태우지 않았다."

이 정도로 충분했을지도 모른다. 하지만 재판장은 저 유명한 목소리를 담고 있는 다른 디스크들도 청취하게 했다. 왜냐하면 피고는 시니즘의 모든 걸 보여주고 있었기 때문이었다. 〈공짜 경고〉라는 프로그램을 진행하던 도중에, 게슈타포와 친독의용대에 저항 투사들의 이름을 구체적으로 거명하지 않았었느냐고 지적하자, 피고는 그들 중 어느 누구도 결국에는 위협당하지 않았다고 대답했다. 방송국장인 하에프스에게 정기적으로 보고를 한 데 대해 검사

---

[18] 1944년 6월 10일, 독일군이 이 마을 주민 643명(5백여 명의 아이들과 부녀자 포함)을 교회에 가두어 불을 질러 학살한 사건. 나치의 야만성을 대표적으로 상징하는 사건 중의 하나.

가 비난하자, 그는 다음과 같이 대꾸했다. "부서장에게 보고를 하는 게 뭐가 나쁜지 나는 이해가 가지 않습니다."

부아사리 검사는 헤롤드-파키야말로 '반역의 전형'이라는 것을 추호도 의심하지 않았다. 그래서 그는 사형을 구형했다. 그리고 검사 자신이 적절하게 표현한 대로, 또 한 가지 정황적인 이유도 있었다. "또 한 가지 이유는, 1년 전부터 바로 이 법정에서 공무를 수행하고 있는 본 검사가 지금쯤은 시범 케이스로 신성불가침한 공권력의 정당성을 만인에게 보여주어야만 할 때라고 판단하기 때문입니다." 그러니까 헤롤드-파키가 처형되어야 하는 것은 적의 역할을 했기 때문만이 아니라 본보기를 위한 때문이기도 했다.

피고는 전적으로 책임이 있었다. 단지 피고 자신에게만이 아니라 라디오-파리의 청취자들에 대해서도 책임이 있었다. 부아사리 검사는 "피고가 얼마나 많은 선량한 사람들을 끌어들여서 그가 그토록 숭배하는 적에게 어떤 형식으로든 도움을 주는 데에 발벗고 나서도록 했던가"라고 말하면서, 피고의 경우 "정치범"도 아니고 "사상범"도 아니라, 공권력에 대한 범죄이고 진정한 반역죄라고 주장했다.

검사의 논고에 이어 피고측 변호인인 펠리시 변호사는 "적에게 진정으로 승리하는 것은 적을 용서했을 때이다"라는 인용문으로 변론을 시작했다. 이 말에 장내가 술렁거렸다. 게다가 그의 간청이 무모한 게 아닌지 하는 생각까지 들었다. "본 변호인은 여러분들에게 간청합니다. 이게 제 변론의 전부가 될 것입니다. 저는 여러분들에게 이 사람을 죽이지 말라고 간청합니다. 그가 지은 큰 죄라고는 자신의 이상과 자기 조국에 봉사한다는 절대적인 신념을 가졌던 게 잘못이라는 것뿐입니다."

사람을 죽이지도 돈을 챙기지도 않았고, 그의 논평에서 증오를 외쳐대지도 않았다고 펠리시 변호사는 주장했다. 하지만 그의 주장은 설득력이 없었다. 헤롤드-파키는 누구나 다 잘 알고 있는 인물이었다. 게다가 그는 끝까지 "실수"라고 우겨댔다. 라디오를 통한 그의 프로파간다는 퇴각하는 적군의 차량에서까지 방송되었는데도 실수였다고 우겨댔다.

그렇게도 전력을 다해 '실수'에 매달리는 자도 매우 보기 어려웠다. 마지막으로 그의 목숨을 구해보기 위해서 변호사는 외국의 예를 들며 호소했다. 나치가 내부의 적과 싸우던 식으로, 모라스의 책들을 그레브 광장에서 불에 태우거나 브라지약에게 사형 선고를 내릴 게 아니라, 그보다는 "친독인사인 린트베르그에게 공식임무를 맡긴" 미국 쪽을 참조하거나, "영국의 페르도네였던 존 에머리 재판을 우리가 보기에는 우스꽝스러운 이유로 무기한 연기한" 영국 쪽을 참조하라고 제안했다.

훌륭한 변론이 다 그렇듯이, 펠리시 변호사는 변론 말미에 매우 효과적인 비유를 들었다. 라디오 비시의 논설위원이던 필립 앙리오를 전쟁 중에 살해한 것은 "사상범"에 해당하는 페르도네 기자를 전후에 처형하는 것보다는 훨씬 더 "정당하다"라고 주장했다. 배심원들의 숙의는 간략했다. 배심원들은 정상참작 없는 사형을 요구했다. 선고가 내려지자 피고는 "프랑스 만세!"라고 외쳤다.

10월

10월 11일, 포르 드 샤티용에서 헤롤드-파키는 처형되었다. 한편 페탱과 더불어 '진짜' 책임자인 피에르 라발 재판이 이어졌다. 그에게도 역시 사형이 선고되었다. 감옥에서 라발은 독극물을 먹고 자살을 기도했다. 제때에 발견되어 목숨을 구한 그는 사형대로 끌려나와 의자에서 총살당하기 직전, 마지막 안간힘을 다해서 자리에서 일어나 총구를 향했다. 비시 정권의 총리가 선 채로 죽음을 맞이했던 것이다. 그의 마지막 순간과 처형식은 그에 대한 재판 과정처럼 희화화되었고 성급하게 처리되었으며, 형식에서나 내용에서나 법이 제대로 지켜지지 않은 측면이 있었다.

숙청 반대편에서도 역시, 형량에 대해선 거론하지 않았지만 법 절차상 좀더 적합한 심리가 이루어졌고 좀더 깨끗한 최후를 맞이했더라면, 공화국과 새로운 프랑스의 명예를 살려주었을 것이라는 데에 일치된 견해를 보였다. 점령기의 고위정치인이기도 했던 지성인 레이몽 아벨리오는 브라지약의 처형보다도 라발의 처형에 더욱 가슴이 아팠다. "1944~1945년의 숙청시에 있었던 모든 사형집행들 중에 피에르 라발의 처형보다 나에게 충격을 준 것은 없었다. 예를 들어, 브라지약과 같은 한 작가의 처형은 내가 보기에는 피에르 라발의 처형에 비하면 극히 미미한 의미밖에 없었다. 물론 이 시기를 대변하는 최고의 위험 인물로 꼽히던 브라지약이 내게 아주 멀리 느껴졌던 것은 사실이다. 브라지약의 처형은 순리에 속했고, 시대 흐름을 조금도 바꿀 수 없는 듯했다. 반면에 잘 알려져 있듯이 끔찍하고 신성모독적인 상황에서 집행된 라발의 처형은, 예전에 왕을 시해했을 때와 마찬가지로, 신성에 대한 두려움을 낳게 했고 역사의 근본적인 단절을 기록하고 있었다."

▥ 11월

누렘베르그 전범 재판 시작. 승자가 패자를 심판하는 것이었다. 평화파괴죄, 전쟁범죄 그리고 반인류범죄로 24명의 나치 지도자와 나치 독일의 8개 조직이 법정에 출두했다.

프랑스 문단에서는 숙청을 둘러싼 온갖 모호함과 모순들이 앙드레 말로의 두 가지 모습에 담겨 있었다. 즉, 말로는 당시 정보부장관이자 드리외 라 로셀의 유언집행자이기도 했다.

12월

"숙청의 해"가 끝나가고 있었다. 메를로-퐁티의 『지각의 현상학』, 앙리 보스코의 『농가』, 쥘리앙 방다의 『비잔틴식 프랑스』, 클로드-에드몽 마니의 『앙페도클의 샌달』, 쥘리앙 그라크의 『사랑에 번민하는 남자』, 장-폴 사르트르의 『자유의 길』 등이 이 해에 출판되었다.

12월 초, 출판업자 로베르 드노엘이 정황이 밝혀지지 않은 채 피살되었다. 부랑자의 소행인가? 셀린과 르바테의 책을 내준 출판업자에 대한 레지스탕스의 복수인가? 영업에 관련된 음모의 결과인가? 이 죽음은 영원히 밝혀지지 않을 미제로 남게 될 것이었다. 분명한 사실은 드노엘이 법정에 출두해서 자신의 입장을 명확하게 밝히려던 참이었다는 것이다. 1940년과 1944년 사이에 발간된 『프랑스 도서 목록』에 실린 광고들을 오려붙인 증거자료에 의거해서, 그는 점령 하에서 누구나 다 책을 출판했다는 것을 입증할 생각이었고, 따라서 출판업계를 대신해서 죄가를 혼자서 치르지는 않겠다고 주장하려던 참이었다.

문인들 간의 적개심에 종지부를 찍을 것 같은 책이 한 권 출간되었다. 루이 파로가 쓴 『전시(戰時)의 지성』이었다. 루이 파로는 미뉘 출판사와 「프랑스 문예」의 핵심 인물이었다. 이것은 곧 하나의 '라벨'이었다. 비록 클로드 모르강에 비하면, 조금은 약한 '라벨'이긴 하지만 말이다. 점령 하에서 지성인들의 저항을 처음으로 기술한 이 책에서, 루이 파로는 요컨대 적의 편으로 넘어간 지성인의 숫자는 그다지 많지 않았다고 진단했다. "기껏해야 일부 작가들의 문제였다. 게다가 저들 스스로 우리 문단에서 탈퇴했으므로 오늘 그들에게 형벌을 내리는 것은 그만큼 더욱 어렵게 되었다." 루이 파로는 전체적으로 볼 때 점령하의 프랑스 지성계가 레지스탕스 편이었다고 진단했다. 모두가 드골 지지자들인가? 거의 모두. 마지막 순간에 드골 진영에 가담한 자들은 "너무나 지나친 혐오에 결국 지쳐버린 탓"에 특별대우를 받은 것이라고 했다. 반면에 파로는 출판계와 문단의 부역자 명단을 인용하지 않았다. "왜냐하면 그들 스스로 심판을 받았기 때문이다." 그 대신에 저항작가들의 이름을 거명하는 데에는 더 많은 신경을 썼다. 그래서 부역을 거부했던 공쿠르상 심사위원들의 이름은 인용했지만, 잘못 처신했던 심사위원들의 이름은 거명하지 않았다. 그는 아라공과 트리올레 커플이 보여준 "베르코르 산의 하얀 눈처럼 순수한 영웅주의"를 극찬하고, 엘뤼아르의 "대범한 용기"를 칭찬하고, 특히 "환한 대낮에 지하생활"을 하면서 부역 주동자들에게 맞서서 "위험천만하고 아슬아슬한 놀이"를 했던 사르트르의 용기를 극찬했다.

    당시의 분위기 속에서 볼 때, 여러 가지 이유로 인해, 루이 파로의 책은 많은 오류와 누락에도 불구하고 지성인 숙청이 진행되는 과정에서 잠시 쉬어 가는 계기를 마련해주었다. 숙청에 대해 새로운 인식을 하게 된 이후, 카뮈는 차분한 상태에서 사태를 직시하려는 의지를 보여주는 대표적인 인물이었다.

Ⅲ
지성인과 책임

༄ ༄ ༄

결과를 생각하지 않고 글을 쓸 수 있는가?

전쟁 기간 지성인의 역할에 대한 논쟁은 오랫동안 몇 가지 딜레마를 중심으로 전개되었다. 이를테면, 출판을 했느냐 안 했느냐? 전면에 나섰느냐 그러지 않았느냐? 글을 썼느냐 아니면 붓을 놓았느냐? 40년이 흘렀지만, 논거는 그다지 변치 않았다.

한편에는, 프랑스 문화가 사장되지 않도록 하기 위해서, 프랑스 사상의 연속성이 유지되기 위해서, 그리고 무엇보다도 반독일적 이념들을 전파하기 위해서는, 어떤 대가를 치르더라도 이전처럼 계속해서 글을 써야 했다고 판단하는 사람들이 있었다. 문학은 사람들이 현실을 버텨낼 수 있도록 도와주는 것이었다. 반면에 무기력은 점령군에게 복종하는 것으로 비쳐질 수 있었다. 글을 쓰고 출판하는 것은 프랑스인으로서의 자신을 입증하는 하나의 방법이었고,

저항의 수단이기도 했다는 것이다.

다른 한편에는, 인쇄 허가를 받기 위해 당시의 규율대로 독일군의 검열에 원고를 내맡긴다는 것은 비열하고 불명예스러운 행위라고 생각하는 사람들이 있었다. 또한 독일군의 상주에도 불구하고 프랑스 지성계가 빛을 내고 있다고 외국인들에게 환상을 심어주려는 독일의 장난에 부응하지 말아야 한다고 생각하는 사람들도 있었다. 독일군의 통제를 벗어난 지하 서적 출판을 제외하면, 문단에서 저항을 한다는 것은 글을 쓰되 출판하지 않는 것이었다. 그렇게 함으로써, 프랑스 지성인들이 어떤 상황에 처해 있는지를 널리 알릴 수 있는 것이었다. 발등에 떨어진 불 때문에, 그들은 '출판'과 '이름 알리기'라는 지성인의 영원한 관심사로부터 마침내 벗어난 상태에 있었던 것이다.

그리고 암울한 시대에는 언제나 그렇듯이, 제3의 길, 즉 기회주의자들이 있게 마련이다. 그들은 빵장수가 빵을 만들어야 하고 치과의사가 치료를 해야 하는 것처럼, 살기 위해서는 작가가 붓을 드는 게 당연하다고 여겼다.

이러한 논쟁은 아마도 비시 정권이 중세 역사의 재판(再版)이라고 간주할 때에나 비로소 해결의 실마리를 찾을 수 있을 것이다. 하지만 한 가지 의문은 남는다. 즉, 결과를 생각하지 않고 글을 쓸 수 있는가?

숙청이 진행되는 가운데에서도 보았듯이, 낱말들을 정렬해서

문장을 만들기 전에 그 낱말들을 곰곰이 따져봤어야 했다는 것을 깨달은 지성인들은 그리 많지 않았다. 여기에서 얻을 교훈이 하나 있다면, 바로 다음과 같은 것이다. 다시 말해서, 이념을 먹고 사는 인간, 즉 원칙적으로 지성계에서 일하는 자는 글을 쓰는 바로 그 순간에 자기의 글에 대해 책임을 느껴야 한다는 것이다. 그는 결코 자기 자신을 부인하지 않을 것이라고 생각하면서, 또한 유행과 체제를 넘어서서 자기 글에 대해 치욕을 느낄 게 없다고 생각하면서 글을 써야만 할 것이다. 그리고 먼 훗날에 가서도 자기가 썼던 문장들 가운데 하나 때문에 비난을 받아야 될 것이라고 생각하면서 글을 써야만 할 것이다. 간단히 말해서, 글을 쓰는 순간만이 아니라 미래에도 자기 글에 대한 책임을 질 수 있어야만 하고, 얼굴을 붉히지 않고서 다시 읽을 수 있어야 한다는 것이다.

이러한 태도는 평화시에는 순진하거나 대수롭지 않은 것처럼 보일 수도 있지만, 위기 상황에서는 최대한의 의미를 갖게 된다.

1940년대를 상징하는 가장 유명한 풍자화들 가운데 하나가 있다. 비시 정부가 밭에서 일하고 있는 한 프랑스 농부에게 앙드레 지드, 마르셀 프루스트 등을 너무 많이 읽었다고 비난하는 내용이었다.

페탱 원수는 1940년에 당한 국가적 재난의 책임이 지성인들에게 있다고 생각했다. 그는 어느 작가가 대변하는 특정한 사상적 흐름을 비난했을 뿐만 아니라, 그 원류에까지 거슬러 올라가 보았다고 주장하면서 다음과 같이 말했다. "프랑스를 무릎 꿇게 한 것은 군장성들이라기보다는 교사와 정치가들이었다." 그는 처음부터 다음과 같이 주장하기도 했다. "프랑스가 전쟁에 패한 것은 예비역 장교의 스승들이 사회주의자들이었기 때문이다."

작가들 사이에서 그들의 직업에 내재하는 윤리적 책임에 관한 논쟁은 적어도 전쟁 기간에는 '내부적인' 논란에 그쳤다. 지하출판물을 제외하고는 공개적으로 그리고 모든 논란을 벗어나려는 담담한 어조로 논쟁에 뛰어드는 경우는 거의 없었다. 이 문제 때문에 드리외 라 로셸은 「신프랑스지」의 발행인이던 기간 내내 번민에 빠졌었다. 점령 2년 뒤 그는 하나의 행동수칙을 정했는데 다음의 글에 잘 나타나 있다. "작가는 반대편 작가들의 죽음을 바라서는 안 된다. 비록 그들의 활동이 자기가 내세우는 주장에 치명적인 위험이라고 여겨질지라도 말이다. 반면에 작가는 자기가 한 말의 결과로 인한 죽음을 받아들여야 한다. 이것은 그가 소화할 수 있는 최소한의 책임이다. 만일 아라공과 엘뤼아르가 나를 가만두지 않을 것이라고 말한다고 해도 그건 그들의 일이다. 나는 그들을 노리지 않을 것이다."

명철한 드리외 라 로셸은 아라공과 엘뤼아르의 의도를 훤히 알고 있었다. 훗날 여러 경로를 통해 알려진 바이지만, 드리외는 점령군 당국에 개입해서 앙드레 말로, 장 폴랑, 가스통 갈리마르 그리고 아라공에게 어떤 불상사도 일어나지 않도록 영향력을 행사했다고 한다. 심지어 그는 장 폴랑을 감옥에서 꺼내주기도 했다. 바로 그런 인간이었기에, 그는 자기가 져야 할 책임에 대해 너무나 선명한 글을 쓸 수 있었던 것이다. 그는 전적으로 참여했다가 전적으로 패배한 자였다. 그가 보기에, 지성인은 남들과 같은 시민이 아니었다. "지성인에게는 남들보다 더 큰 의무와 권리가 있다.…… 지성인의 역할이란, 적어도 일부 지성인들의 경우, 눈앞의 사건에 휘말리지 말고, 위험을 무릅쓰면서 역사의 길을 개척하는 것이다.…… 책임을 져야만 하고, 불순한 그룹에도 들어가야 하고, 추악하고 경멸할 만한 연대세력을 받아들이는 게 곧 정치임을 인정해야 한다." 두 번에 걸쳐 자살을 기도하는 동안, 염세적이면서도 현실주의적인 드리외 라 로셸은 자신의 마지막 카드, 즉 진정성이라는 카드를 꺼냈던 것이다. 그의 동료들이 암흑기에 이중 플레이를 했었다고 애써 주장하던 시점에, 그의 마지막 카드는 어울리지 않았다. 드리외 라 로셸, 그는 간단명료하게 말했다. "우리는 패배했기 때문에 반역자이다. 이것은 당연한 법칙이다." 모두가 비열하게 굴던 시기에, 그래도 남아 있는 최후의 명예를 지키려고, 그는 다음과 같이 말했다. "내가 부역자의 자존심에 충실하듯이, 레지스탕스의 자존심에 충실하시오. 내가 속이지 않듯이, 속이지 마시오. 내게 사형을 내리시오.…… 우리는 저마다 자기 플레이를 한 것이고, 나는 졌소. 나는 죽음을 요구하오."

작가들이 마침내 공개적으로 작가의 책임에 대해 논의하던 순간에 드리외 라 로셸은 스스로 자신을 심판하고 있었던 것이다. 레지스탕스에서 탄생한 주간지 「십자로」의 편집국장은 자크 샤르돈의 아들인 제라르 부텔로였는데, 이 잡지는 작가의 책임에 관한 대대적인 설문조사를 실시했다. 다른 잡지들도 이에 가세해서 여러 페이지를 이 문제에 할애했다. 쥘리앙 방다는 1927년에 출판된 그의 유명한 책 『지식인들의 반역』의 재판 발행을 위해서, 시대 조류에 잘 어울리는 새로운 서문을 준비하는 데 착수했다. 갑자기, 각자가 할 말이 생긴 것이었다. 졸지에 모두가 자신이 연관되어 있다고 느낀 것이었다. 가장 특이한 자들은 아무런 대꾸도 하지 않는 자들이었다.

그런데 드골은 이런 사태를 최소화하기 위해 전력을 다했다. 프랑스의 권위가 걸린 문제였다. 프랑스 지성인들이 몸을 팔았거나 무더기로 반역했다고 외국인들이 느껴서는 안 되었다. 드골은 그의 책 『전쟁회고록』에서 작가들에 대한 숙청보다 아카데미 프랑세즈에 두 배나 더 많은 페이지를 할애했다. 작가들에 대해서 그는 "대부분 그리고 위대한 작가들은 프랑스 편에 있었다"고 기록했다. 하기야 이렇게 말하는 것은 프랑스 편에 있지 않았던 작가들을 물 먹이는 것이기도 했다. 특히 죄를 저질러서 실제로 사형선고를 받았던 불쌍한 영혼들에 대해서, 드골은 다음과 같이 기록하고 있다. "그들이 직접적으로 그리고 열성적으로 적에게 봉사하지 않았던 경우에 나는 그들의 형량을 감형해주었다. 단 한 번 그 반대의 경우가 있었는데, 나는 내게 사면권이 있다고 느끼지 못했다. 왜냐하면 다른 모든 분야에서와 마찬가지로 문단에서도, 재능은 곧 책임을 져야 한다는 딱지이기 때문이다." 드골이 말하는 이 예외적인 경우가 바로 브라지약의 경우였다.

드골은 아카데미 프랑세즈에 대해 특별한 호의를 품고 있었다고 할 수 있다. 상당수의 많은 아카데미 회원들이 "열성적으로든 마지못해서든" 어쨌거나 부역을 했음에도 불구하고, 드골은 주위의 압력을 무시한 채 아카데미를 해체하거나 정화하려 하지 않았다. 드골이 한 일은 고작해야, 1939년 이후 공석중인 12석을 채우기 위해서, 후보자에 관련된 신성불가침한 원칙을 예외적으로 무시하고, 저항작가들을 그 자리에 앉힘으로써 추락된 권위를 회복하게 될 것이라고 제안한 것이었다. 그의 제안은 거부당했다. 이 '소중한 기구'가 되살아난 데 대해 드골은 기뻐하긴 했지만, 최소한 아카데미 전체가 거국적으로 프랑스의 해방에 경의를 표하지 않은 데 대해서는 서운해했다. 언제나 그렇듯이, 점령 하에서나 해방 직후에나, 용기와 대담성이 없던 아카데미 프랑세즈는 1944년 12월 26일자 법령을 마치 은총처럼 받아들였다. 이 법령에 따르면, 국가에 누를 끼친 죄를 범한 자는 자동적으로 모든 국가기관으로부터 축출된다는 것이었다. 바로 이 이상적인 보호막 덕분에 아카데미는 아주 미묘한 몇몇 경우를 잘 해결할 수 있었다. 즉, 페탱과 모라스, 아벨 에르망과 아벨 보나르를 축출할 수 있었다.

지성인들이 자기 책임에 대해 걱정하고 있었던 것은 너무나 당연했다. 게다가 몇몇 지성인들을 희생양이나 반역의 스타로 만들어 버리고 있던 상황이니 말이다. 이러한 처사는 진보 진영에서나 보수 진영에서나 많은 사람들에게 불합리한 것으로 보였다.

「에스프리」지의 피에르-에메 투샤르에 따르면, 1914~1915년에는 평화주의자 로맹 롤랑이 급진적인 입장을 취했는데도 논쟁에 휘말리지 않고서 지지자들을 확보할 수 있었지만, 1939~1940년에는 그런 입장을 취하기가 불가능하다는 것이었다. 이것은 거의 모든 지성인들이 완전한 침묵을 택하기보다는 상대적인 자유를 택한 것으로도 확인되었다. 이러한 사실에 근거해서 투샤르는 국민으로서의 온전한 권리를 보호한다는 구실 하에 무엇보다도 자신의 자유부터 보호하는 자들이 바로 프랑스 지성인이라고 판단했다. 살짝 변장한 하나의 에고이즘이라고나 할까. 아무튼 투샤르가 보기에, 지성인들의 반역은 2백여 가문의 반역과 군수업자들의 반역과 맞먹는 것이었다. 18세기 이후 프랑스 지성인사(史)에 대한 간략한 개관을 작성하면서, 그는 1930년대와 1940년대를 아주 중요한 시기로 간주했다. 왜냐하면 이 시기에 지성인들은 신문, 라디오 그리고 영화라는 압력 수단 덕분에 그들의 권력을 열 배로 신장시킬 수 있었기 때문이다. 투샤르가 판단하기에, 그러한 발전이 잘못 제어된다면, 지성의 독재가 등장해서 금권의 독재를 이어받을 수 있다는 것이었다. 그의 주장은 아무런 근거가 없는 게 아니었다. 특히 투샤르는 레지스탕스 출신 작가들이 자기들의 애국 행동을 자화자찬하고 미화하는 데에 온통 정신이 빠져 있다고 신랄하게 비난했다. "이것은 마치 새로이 등장한 계급이 어느 정도 의식적으로 혹은 의도적으로 소란을 일으키면서, 현대사회 서열의 꼭대기에 오르려고 하는 것과 같다."

그런데 이런 일이 실제로 문단에서 벌어졌다. 숙청 기간 동안 자비가 침묵을 요구받는 상황에서, 신인 작가들이 전도가 창창하게 문단 생활을 시작했다. 이들 중 몇몇은, 즉 대개의 경우 그다지 뛰어난 게 없는 이들은 그들의 경력을 결코 잊지 않으려 하고, 또한 걸핏하면 그 경력을 내세우려 했다. 하지만 투샤르가 레지스탕스 예찬론을 비난하는 것과 마르셀 에메가 비난하는 것과는 그 무게가 다를 수밖에 없었다. 친소(親疎)의 문제라고나 할까. 아무튼 이처럼 들뜬 분위기 속에서 작가의 책임을 주장하는 문인들과 그 반대를 지지하는 문인들이 대립하게 되었다.

『바다의 침묵』의 저자이자 미뉘 출판사의 공동 창업자인 베르코르는 너무나 당연하게도 이 문제에 대해 자기 견해를 밝히도록 요구받은 작가들에 끼여 있었다. 베르코르는 간단하게 문제를 제기했다. "작가는 자기가 쓴 글 때문에 목숨을 바쳐야 할 정도로 자기 글에 책임을 져야 하는지를 알아야 하는가?" 그의 대답은 '그렇다'였다. 명백했고 단호했다. 독일군의 코앞에서 그와 그의 동료들이 책을 출판하고 배포하기 위해 얼마나 위험을 무릅썼는지를 상기시키면서, 베르코르는 작가의 명예란 치러야 할 대가를 인지하는 것, 글을 쓰는 순간에 닥쳐올 위험을 인지하는 것이라고 진단했다. 이에 반대되는 입장을 지지하는 부역작가들이 애써 찾는 것은 오로지 적절한 너그러움밖에 없다고 그는 생각했다. 만일 폰 룬트스테트의 여세를 몰아 나치가 일주일 동안만 파리를 점령하기라도 한다면, 부역작가들이 레지스탕스 작가들을 체포해서 총살할 것이라고 그는 확신했다.

「프랑스 문예」의 터줏대감인 클로드 모르강은 작가들에게 전적으로 책임이 있다고 판단했다. 재능이 뛰어난 작가일수록 책임은 더 크다. 훗날 회고록을 쓰면서 클로드 모르강은 "브라지약은 마땅히 대가를 치러야만 했다"라고 술회했다. 하지만 그는 베르코르만큼 깊이 생각하진 않았다.

「십자로」의 설문조사에 답하면서 베르코르는 작가의 반역과 기업가의 반역을 비교했다. 그는 작가의 반역이 백 배 더 중대하다고 판단했다. 왜냐하면 기업가와는 달리 작가는 지성인으로서 자기 개인에 대해서만 죄를 짓는 것이 아니기 때문이다. 작가는 자신의 사상과 타인의 사상은 물론이고 자신의 확고한 신념을 담보하기 때문이다. "기업가와 작가를 비교하는 것은 곧 카인과 악마를 비교하는 것과 같다. 카인의 죄는 아벨에 그친다. 그런데 악마의 위험은 무한하다.…… 출판된 글은 사고 행위나 마찬가지이다. 작가는 이 행위의 결과에 대해 책임을 져야 한다." 작가와 기자 재판 때 일부

검사들도 베르코르처럼 지성인과 일반인의 반역을 구분하기도 했다. 모순이 허용된 자유 사회에서 작가의 책임은 실질적으로 전혀 없는 것이나 다름없다. 모두를 위해, 모든 것을 위해 그리고 모든 것의 역(逆)을 위해 아무것이나 허용되기 때문이다. 독자는 스스로 자기 의견을 가질 수 있고, 눈앞의 모순된 주장에 대한 유일한 심판자다. 이와는 반대로, 오로지 최강자의 시각만이 인정되는 전체주의 사회에서는, 즉 모순의 가능성이 전혀 없는 사회에서는, 작가는 전적으로 책임을 져야 한다. 작가가 모든 수칙들을 받아들였다면, 굴욕으로 간주되던 점령기의 법에 복종하면서 독일 치하에서 출판하기로 했다면, 그때는 그 결과에 대한 모든 책임을 져야 한다. 지성인에 대한 재판이 바로 이 문제를 직접적으로 다루지 않은 채 혐의 사실에만 집착하는 데 대해 베르코르는 유감스러워했다. 만일 그렇게 했었더라면 작가의 명예가 회복되었을는지도 모를 일이었다. "한 인간의 권위는 그가 감당하는 책임에 비례하기 때문이다"라고 그는 말했다. 4년간의 우스꽝스러운 법 집행과 지성인들의 나약함을 겪었던 터라, 낱말의 무게와 글쓰기 행위의 중요성을 인정하고 부각시켰더라면, 1944~1945년의 프랑스 공화국은 훨씬 더 나은 생각을 할 수 있었을 것이었다.

가톨릭 철학자인 가브리엘 마르셀은 범죄 이후가 아니라 범죄 이전에 법을 정해야 한다는 조건 하에 베르코르의 생각에 동의했다. 소설가 클로드 아블린은 한 부역작가의 형량을 줄이려고 그의 재능을 내세워 항변하는 데 대해 분개했다. 그에 따르면, 그러한 짓은 "우리가 순진하게 지성인의 미덕이라고 생각하는" 모든 미덕과 용기에 대한 경멸을 의미하는 것이나 다름없었다. 그래서 클로드 아블린은 "약속을 이행할 것"이라는 멋드러진 문구가 흔히 사용되는 것은 오직 업계(業界)에서일 뿐이라고 진단했다.

문학비평가 에밀 앙리오 역시 베르코르 편에서 많은 글을 썼다. 그의 판단에 따르면, 자신의 진실을 표현할 수단이 없는 점령당한 나라에서, 작가는 침묵으로 대항해야만 한다. 그런데 "침묵하기보다는 감히 입을 연 경우들이 있다"는 것이다. 에밀 앙리오는 재능 있는 지성인이라면 이념이나 신념을 가지고 장난해서는 안 된다고 주장했다. 따라서 작가는 자신에게 실수할 권리가 주어지지 않는다는 전제하에서 행동해야만 할 것이다. 그래야 작가는 붓을 적시기 전에 다시 한 번 깊이 생각하게 될 것이다.

알제에서 잡지 「퐁텐 *Fontaine*」을 창간했던 막스-폴 푸세는 훨씬 더 강경했다. "이 전쟁은 우선 지식인들과 연관되어 있고, 이어서 기업가, 정치가, 군인들과 연관되어 있다. 따라서 지식인의 처신은 곧 전시의 법체제와 다름없다. 지식인은 그의 공훈에 대한 영광을 보상받아야 한다. 그리고 그의 잘못에 대해서는 가차없는 처벌을 받아야 한다."

지성인의 책임을 주장하는 사람들 중에서도 쥘리앙 방다와 장-폴 사르트르는 특별한 위상을 차지했다. 쥘리앙 방다는 오래 전부터 이 문제를 제기해왔기 때문이고, 사르트르는 해방 직후 지성인들 가운데 가장 권위 있는 인물이기 때문이다.

쥘리앙 방다는 숙청 초기부터 문예의 순수성에 대한 철저한 옹호자로 나섰다. 그는 전국작가협의회의 위원이었는데, 이 협의회가 작성한 출판금지 작가명단을 인준하는 것으로 그치지 않았다. 1927년에 출판한 『지식인들의 반역』에서 그는 "추상적 정의의 집행자"로서의 사명을 완수하는 데에 실패한 지성인을 이미 비난한 바 있었다. 그런 그에게 1945년의 프랑스는 그 어느 때보다도 현안에 관련된 자신의 주장을 부르짖고 반복할 수 있는 호기였다. 그는 "확인된 반역자들"에 대해 감히 "실수할 권리"를 말하는 모리악과 폴랑을 공개적으로 모독했다. 그의 걸작인 『지식인들의 반역』의 1946년판 서문에서 그는 "사기꾼"이라는 낱말을 여러 차례 쓰고 있다. 폴랑이 거듭해서 실수할 권리를 외치자 그는 심지어 "자칭 지성인들의 반역"이라고 표현하기까지 했다. 민주주의의 파괴를 기원하는 모라스의 증오에 찬 호소를 인용하면서 쥘리앙 방다는 이 경우는 실수, 즉 잘못된 주장이 아니라, 가치체계에 따른 "계획적인 살인"이라고 주장했다. 한 작가가 국가를 상대로 벌이는 모든 이데올로기 전쟁을 거부할 게 아니라, 작가로 하여금 그 행위의 결과를 수용하도록 해야 한다는 것이었다. "만일 국가가 이자를 위험하다고 판단하면, 국가는 그에게 극약을 처방해야 한다." 방다는 모라스가 민주주의의 등에다 비수를 꼽고자 하면서도 변호인의 입을 빌어 민주주의의 관대함을 요구하는 골수 반민주주의자가 아니라 소크라테스, 즉 기성질서에 대항해서 싸우지조차 하지 않는 "완벽한 지식인"이기를 바랐다. 그는 "실수할 권리"를 부르짖는 이들이 내놓는 논거들―난세의 지성인에 대한 정상참작―을 검토하고 나열하고 비중을 따졌다. 그래도 사고(思考)는 건져야 한다고? 이건 규칙이 아니라 예외로 인정해야 할 것이다. 왜냐하면 방다의 생각에 따르면, 모라스나 브라지약 같은 자를 잃는다고 해서 잃어버릴 사고는 하나도 없었기 때문이다. 문학적 재능은 최고의 미덕이라고? 문학적 재능이 정치적 선택에 대한 변명이 되진 않는다. 게다가 재능이라는 게 무엇인지에 대해 합의해야 할 것이다.

알다시피, 사르트르의 입장은 또 다른 차원에 입각했다. 지금의 시점에서 보면, 사르트르는 훨씬 더 무게가 있었고, 양차 세계대전 사이에 쥘리앙 방다의 책이 했던 역할을 2차 세계대전 직후에 했던 것 같다. 이것은 해방 이후 사르트르가 참여지성인의 동의어로 통했기 때문이기도 했다. 1944년에 이미 사르트르는 「프랑스 문예」에 기고한 글에서 다음과 같은 유명한 선언을 한 바 있었다. "독일 점령하에서보다 우리가 더 자유로운 때는 결코 없었다.…… 강력한 경찰이 기를 쓰고 우리에게 침묵을 강요했기 때문에, 말 한 마디가 마치 행동원칙을 선언하는 것처럼 분명해졌다. 우리는 쫓기고 있었기 때문에, 우리의 몸짓 하나 하나가 참여의 비중을 띠고 있었다." 이 선언의 충격파는 어마어마했고 오래 지속되었다. 비록 이런 선언을 한 사르트르가 독일선전부의 검열 덕분에 독일 관객과 프랑스 관객 앞에서 『방청금지』와 『파리떼』를 공연했었다는 사실을 상상하기가 어렵긴 하지만 말이다. 그에게 과연 교훈을 던지고 부역지성인들을 숙청할 수 있는 자격이 있는 것일까? 점령하에서 공연된 그의 연극 리허설 때에는 바로 이 부역지성인들이 관람해주길 바랐던 사르트르였는데 말이다.

    1945년 가을, 사르트르는 월간지 「현대」 창간호에 게재한 글에서 좀더 구체적으로 자신의 생각을 피력했다. "부르주아 출신 작가들은 누구나 무책임에 대한 유혹을 경험한 바 있다. 한 세기 전부터 이것은 문인 경력의 전통에 속한다." 이 인용문은 「현대」지 창간호의 첫 페이지 첫 줄이다. 일종의 계산된 수순일까? 어떤 점에서 보면 그렇다. "사실 우리가 생각하기에, 작가란 베스탈과 같은 자도 아리엘과 같은 자도 아니다. 작가는 그가 무엇을 하든 '현장'에 있고, 심지어 첩첩산중에 들어가 있다 해도 사람들의 시선을 피할 수 없고, 현실로부터 벗어날 수 없다." 사르트르가 생각하기에 작가는 누구든지 자기 시대의 '장터'에 참여해 있고, 심지어 작가의 침묵조차도 하나의 입장표명이고, 정치행위이고, 지성인으로서의 참여 표지이다. 바로 이런 추론과 논리에 입각해서 사르트르는 1871년의 파리코뮌 때 저질러졌던 학살에 대해 플로베르와 공쿠르의 책임이 크다고 주장했다. "왜냐하면 이들은 그런 학살을 막기 위해 한 줄의 글도 쓰지 않았기 때문이다." 오늘날 다시 칼라스 재판이 열리면 볼테르가 다시 나서고, 드레퓌스 사건이 벌어지면 졸라가 다시 총대를 메고, 콩고 사태가 터진다면 지드가 다시 나서야 할 것이라고 사르트르는 주장했다.

　장 폴랑의 태도는 이와 전혀 달랐다. 그는 그야말로「신프랑스지」를 가장 오랫동안 그리고 누구보다도 잘 대변했던 문단의 감시자이다. 이 시기에 쓴 글 가운데 가장 널리 알려진 그의 글은 실수할 권리를 변호하는 글이다. 하지만 그런 글만이 있는 게 아니다. 장 폴랑은 거의 모든 작가들의 친구였고, 브라지약 사면 청원서를 주도한 이도 바로 그였다. 그런데 암암리가 아니라 공개적으로도 다양한 부류의 사람들과 어울린 데 대해 그는 비난을 받았다. 가령, 그는 엘뤼아르, 아라공, 사르트르 등과도 친분이 있었을 뿐만이 아니라, 주앙도와 그의 일당들과도 만나곤 했었다. 게다가 점령하에서「코메디아」지에 글을 쓰기도 했는데, 당시 샤르돈과 테리브를 비롯한 극우파 지성인들이 주로 글을 쓰던 잡지에 그가 글을 썼다는 것은 놀랄 수도 있는 일이다. 좌파 인사들 중 몇몇은 폴랑이 드리외 라 로셸 덕택에 목숨을 건졌던 사실을 잊지 않고 있었다. 폴랑은 독일이 점령하자「신프랑스지」의 발행인 자리를 드리외 라 로셸에게 넘겨주고는, 암암리에 하지만 사실은 바로 옆 사무실에서 하던 일을 계속했다. 하루 아침에 등을 돌리고 자기를 부정하는 등 출판계의 세밀한 부분까지도 너무나 잘 알고 있던 폴랑은 그런 상황을 별로 두려워하지 않았다. 〈깨끗한 작가들에게 보내는 일곱 개의 편지들〉 중의 한 편지에서, 장 폴랑은 아무도 그런 권한을 부여하지 않았는데도 점령기의 모든 순교자들을 대변하고자 할 뿐만 아니라, 정절이나 기억 등과 같은 낱말들만 입에 담고 있는 '깨끗한 작가들'의 행태를 비난했다. "당신들의 얘기를 듣다보면, 마치 방금 전에야 당신들이 작가의 책임을 발견해낸 것 같다.…… 내가 모럴리스트 입장에 섰거나 정치적인 입장을 취했던 것은 무엇보다도 숙청의 잔인함이 나에게 큰 충격을 안겨주었기 때문이다. 하지만 나는 문법학자에 불과하고, 이게 바로 문법학자의 위선이다."

애초부터 그의 입장은 명백했었지만, 그래도 그의 입장을 요지부동하게 한 것은 무엇보다도 그가 지닌 문학에 대한 관점인 것 같다. 작가의 책임이나 정치참여 등 그 나머지는 부차적인 것에 불과했다. 그는 어느 부역작가의 사람됨과 그의 작품들에 대해서는 비판적 정신을 견지하면서도, 얼마든지 정상참작을 인정할 마음의 준비가 되어 있었다.

「십자로」의 설문조사에 대한 응답에서 조르주 뒤아멜은 1942년에 자기를 종신 사무총장으로 뽑아준 아카데미 프랑세즈의 이미지에 걸맞게 비슷한 입장을 표명했다. 뒤아멜은 아카데미 공쿠르의 창단 멤버인 뤼시앙 데카브에게 보낸 편지에서 자신의 입장을 아주 명백하게 밝히고 있다. 특히 이 편지는 오로지 문단의 숙청 문제에 대해서만 언급하고 있다. 그들 둘 모두에게 매우 소중한 문단의 책임에 대해 최근에 너무나 비극적으로 언급되고 있음을 상기시키면서, 조르주 뒤아멜은 다음과 같이 지적했다. "돈에 눈먼 유명 사업가들에게는 너무나 무력한 듯한 프랑스의 법이 유독 문인들에 대해서는 아주 엄격한 명예를 지키도록 했다. 다시 말해서, 많은 문인들을 총살시켰다." 숙청이라는 낱말 자체가 역겹고 주제 넘는 말이라고 판단하면서, 뒤아멜은 해방 직후부터 자신의 입장이 처벌과 복수를 결코 혼동해서는 안 되고, 스스로 자기 얼굴을 먹칠한 일부 동료들과는 절교하는 것이었다고 환기시켰다. 하지만 얼마 가지 않아서, 여러 개의 숙청위원회가 난립한 문단의 상황으로 인해 야기된 부조리와 비논리적 현실을 인정해야만 했다. 예를 들어, 한 명의 작가가 여러 개의 숙청위원회에 동시에 불려나갈 수도 있었다. 즉, 문인협회, 작가협회, 연사협회, 음악인협회, 투쟁작가협회, 전국작가협의회, 아카데미 프랑세즈, 아카데미 공쿠르, 아카데미 말라르메 등등. 뒤아멜이 "역겨운 숙청"이라며 비난하는 이유는 절차가 서툴고 성급하고 어설프게 진행되고 상상력이 모자라다고 판단하기 때문이었다. 사형! 오로지 사형! 그렇지 않으면 추방 내지는 강제노역 감옥행. 문인들의 경우에 국한한다면, 진짜 죄인들은 "조국을 배반하고, 형제를 밀고한" 자들이라고 그는 생각했다. 그 이외의 문인들은 "경솔하거나 바보 같거나 나약해서" 죄를 짓게 되었을 뿐이었다. 숙청을 놓고 18개월 동안이나 공개 논쟁을 벌인 것만으로도 충분한 처벌이었다. 뒤아멜에 따르면, "면소 혜택을 받았거나, 기소 대상이 되지 않은 작가들에게 내려진 격리 조치들은 해제되어야 한다.…… 나의 모든 작품이 독일군에 의해 금지 조치를 당했을 때, 부역자들 가운데 어느 누구도 이토록 우스꽝스러운 조치에 대항해서 목소리를 높이지 않았다. 이런 사실을 떠올리면서도 나는 우렁찬 목소리로, 심각한 잘못을 저지르지 않았고 큰 죄라고 해봐야 비탄에 온통 빠져 있던 나머지 영광의 시간이 도래했다고 착각했던 작가들에게는 글을 쓸 자유를 돌려주라고 요구하는 바이다."
『파스키에 가문의 연대기』의 작가인 뒤아멜이 개인의 정의에 대해서는 큰 짐을 부과하고 있지 않음을 말해주는 대목이다. 한 마디로, 그는 비난은 하지만, 용서한다는 것이었다.

뒤아멜이나 폴랑 혹은 모리악 같은 이들이 내세우는 논거들은 결국 놀라울 게 없었다. 숙청과 같은 예민한 문제에 대한 그들의 입장은 내면적으로는 서로 비슷했다. 하지만 그들이 원했건 그렇지 않았건 간에, 그들은 숙청지지자들에 대항하는 자들과 합류하게 되었다. 언젠가는 1945년에 공개적으로 지성인의 책임에 대해 의문을 제기했던 이런 지성인들의 책임을 누군가가 분석하게 될 날이 올 것이다. 아무튼, 그들은 "실수할 권리"를 내세우며 추방당한 지성인들을 감싸는 데 주력하고자 했다. 따라서 "객관적으로 볼 때도", 그들은 숙청이 내세우는 정의가 사상범에 대한 심판에 지나지 않고, "작가의 책임"이란 복수심에 불타는 저항투사들의 발명품에 지나지 않는다고 생각하는 사람들의 편에 서 있었다는 것은 사실이다. 이런 부류에는 또한 레오토나 파브르-뤼스 같은 작가들도 끼어 있었다.

폴 레오토에게 숙청은 "정의라는 것을 내세운 1793년의 진짜 복사판"에 지나지 않았다. 옛날부터 뤽상부르그 공원 앞에 자리잡고서 고래고래 소리치며 부역신문들을 팔아 생활비를 벌던 신문팔이를 아직까지도 체포하지 않은 것과 같다고 레오토는 비꼬았다. "게다가 그 신문팔이는 여전히 자유 상태이고 여전히 그 자리에서 이젠 레지스탕스 신문들을 소리치며 팔고 있다. 분명 이자는 높은 분의 보호를 받고 있는 게 확실하다."

알프레드 파브르-뤼스는 모라스와 베로의 사형선고를 기꺼이 인정했다. "그들은 밥먹듯이 욕설을 퍼부었고, 무고한 사람들의 목을 치라고 요구했으므로, 이제 그들은 낱말의 힘이 어떤 것인지 똑바로 알아야 한다." 하지만 그러면서도 파브르-뤼스는 그들의 정상을 참작해주기를 바랐다. 그는 자신의 주장을 뒷받침하기 위해서, 부역지성인들은 단지 부역을 하도록 명령한 합법 정부의 지시에 따랐을 뿐이고, 차후에 어떤 대가를 치를지에 대해서는 아무런 경고도 받은 적이 없다고 부연했다.

그렇다면 언제부터 정부의 지시에 따라 지성인들이 부역했는가라는 질문이 당연히 제기될 수 있다. 평상시, 더욱이 위기를 맞았을 때나 내전시에는 무엇보다도 자기 양심에 따르는 것이 아닌가? 바로 이것이 양심의 명령인 동시에 그들의 맡은 일에 대한 책임이 아닌가? 그런데 1941년 6월, 파브르-뤼스는 『프랑스 일기』라는 책에서 "프랑스는 명령을 내리지 말고 부역하라"고 호소한 바 있었는데, 그 당시 그는 이미 멀리 내다보고 있었던 셈이다. 1945년에 와서 그는 "1945년의 볼셰비즘, 즉 승리의 파시즘을 하나의 우상으로 꿈꾸는 자들이 있다. 본질적으로 바로 이것이 지식인들의 새로운 반역이다"라고 지적했다.

1945년 4월이 되자, 작가의 책임에 관한 논쟁은 이미 대립각이 약간 무뎌진 듯했다. 아마도 여러 명이 처형되면서 불화의 원인이 제거되었기 때문이었다. 또한 아마도 이 문제는 이미 지성인들의 자기 자신에 대한 논쟁이 되어버려서 신문이나 잡지보다는 책에서 또 다른 논거들을 제시하면서 다루어야 할 것이기 때문이었다. 시대 흐름이 바뀌고 있었다. 주간지「십자로」의 설문조사 '어둠 끝에서의 귀환'은 전쟁포로에 관한 것이었다. 그리고 그 다음 설문조사는 '휘발유와 암시장'이었다.

논쟁은 점차적으로 공개장소를 벗어나 훨씬 더 좁은 집단 내에서 벌어졌다. 직업상 반드시 지켜야 할 것에 관해 토론했다. 특히 기자들은 물론이고, 출판업자와 언론사주들도 마찬가지였다. 특히 자사 소속 작가나 부역자들 자신이 불안한 처지에 있는 한, 출판업자와 언론사주들은 그들의 운명과 처벌로부터 정말이지 결코 안심할 수 없는 처지에 있었다.

베로, 모라스, 쉬아레즈, 브라지약 그리고 몇몇 지성인들을 통해서, 정의가 추구한 것은 단지 상징적인 인물을 처단하거나 본보기를 만드는 것만이 아니었다. 정의는 또한 기자들을 노렸는데, 그들의 책보다는 그들의 기사 때문이었다. 밀고는 숙청의 가치기준 가운데에서도 극점이었기 때문에, 판사들은 그들의 기사 속에서 유태인과 프랑마쏭들을 비난하는 극우 기관지들에서 매우 흔하게 볼 수 있는 이름, 주소, 행적들을 찾는 데에 집착했다. 가령 이 기관지들 중의 하나가 「필로리」인데, 이 잡지를 책임지던 몇몇은 총살당했다.

 기자는 책임을 져야 하는가? 물론이다. 라디오-주르날의 마이크를 잡았던 헤롤드-파키가 책임을 져야 했던 것과 마찬가지이다. 또한 런던의 *BBC* 방송의 마이크에서 부역자들을 실명으로 고발하던 프랑스인들이 책임을 져야 하는 것과도 마찬가지이다. 왜냐하면 때로는 방송이 끝난 뒤 살인이 벌어지기도 했기 때문이다. 숙청 기간에 우파 언론과 극우파 언론은 이런 경우들을 대대적으로 보도했고, 숙청을 반대하는 강력한 논거로 들이댔다. 시골마을이나 소도시의 주민들은 *BBC* 방송을 듣지 않아도 시장, 빵집 주인, 신문판매상 중에 누가 점령군과 지속적인 관계를 가졌는지를 잘 알고 있었다. 부역자들은 강자의 편에 있었다. 친독의용대와 게슈타포에 등을 돌린 채, 저항민병대를 도왔던 어느 초등학교 교사의 경우와는 전혀 다른 것이었다.

 언론의 힘을 과장하려는 것은 아니지만, 전쟁 기간뿐만 아니라 해방 직후에도, 파리에서 발행되는 한 신문에 실린 베테랑 기자의 기사가 어떤 역할을 할 수 있었는지에 대해서는 너무나 할 말이 많을 것이다. 어떤 설문조사도, 어떤 과학적인 연구도 기사의 영향력을 정확하게 측정할 수는 없다. 하지만 누가 기사의 영향력을 부인하겠는가? 특히 점령된 파리에서 기자 생활을 했던 자는 특히나 부인하지 못할 것이다.

작가들과 마찬가지로, 기자들은 나중에 '독일 점령 하에서 신문을 계속 발간했어야만 하는가?' 라는 저 유명한 질문을 스스로에게 제기해야만 했다. 어떤 점에서 보면, 작가들의 상황과 전적으로 비슷했다. 왜냐하면 책의 원고와 마찬가지로, 신문의 마지막 교정쇄는 독일선전부의 검열을 받아야 했기 때문이다. 종이 배급이 신청자의 정치적 열정, 영향력 그리고 선의의 기준에 따라 이루어지던 때였다. 지하 신문을 제외하고, 검열을 받지 않는 신문은 없었다. 따라서 자유로운 기자는 없었다. 유럽주의나 국가사회주의 이념을 진정으로 표현하는 기자들이 아니라면 말이다.

한 기자의 생애에서 그리고 국가의 역사에서 볼 때, 잠시라도 직업을 바꾸라고 강요당하는 상황에 직면할 때가 있다. 이를테면, 명예와 존엄성을 지키면서 직업을 수행할 수 있는 조건들이 충족되지 않았을 경우이다. 하지만 어쩌면 이것은 언론계에 종사하는 이들에게는 너무 많은 것을 요구하는 것인지도 모른다. 너무나 많은 기자들이 오래 전부터 이름 날리기에 얽매어 있으니 말이다.

놀랍게도 언론과 문단의 숙청은 결국 숙청 전반을 대변하는 지표였다. 적에게 이롭다고 판단되는 이념들을 퍼뜨렸던 기자와 작가들, 즉 지성인들은 단죄되었다. 하지만 그들에게 그렇게 할 수 있는 물질적 기술적인 수단을 제공하면서 실질적인 이득까지도 챙겼던 자들은 단죄되지 않았다. 이러한 불균형은 1945년 프랑스의 사법적 상황을 그대로 보여주고 있었다.

가스통 갈리마르는 다음과 같은 말을 즐겨 하곤 했다. "나는 남들처럼 그저 그런 상인이 아니다. 나는 이념의 영역에서 일하기 때문에 인간 정신과 계약을 맺은 것이다." 하지만 그는 다음과 같은 말도 덧붙였다. "나는 레옹 블룸과 레옹 도데의 출판자이기도 하고, 레옹 도데와 레옹 블룸의 출판자이기도 하다.[19]" 그의 출판사와 잡지가 정치 논쟁에 더욱 깊숙이 참여해야 한다고 압력을 넣는 자들에게, 출판업자는 교조주의의 투사가 아니라고 대꾸하는 대답이었다. 또한 모든 지적인 책임으로부터 벗어나려는 방법이기도 했다. 사실 이와 같은 태도는 갈리마르사의 직원들 사이에 가장 널리 퍼진 태도이기도 했다. 책임이라고? 도대체 무엇에 대해서? 우리 출판사의 카탈로그에는 좌파 작가와 우파 작가들이 섞여 있지 않은가?

---

19) 레옹 블룸은 좌파지성인이고, 레옹 도데는 우파 작가이다.

평화시에는 그럴듯하지만, 전시에는 이런 논리가 먹혀들지 않는다. 브라지약의 책을 낸 출판사들은 많았지만, 점령 하에서 출판사들이 반드시 브라지약의 책을 출판해야 하는 것은 아니었다. 그것은 의식적이고 의도적이고 계산된 선택이었다. 페탱 원수에게 바치는 르네 벵자맹의 찬사는 상업적인 성공을 보장받은 것뿐만 아니라, 누가 보기에도 프로파간다와 정보 조작 시도에 참여하는 것이기도 했다. 책의 하단에 자신의 이름이 찍혀 있는 출판업자는 자사의 권위로 무엇을 담보하고 있는지 그리고 무엇에 참여하고 있는지 알고 있는 것이다. 사람들은 출판업자가 자신이 출판하는 책을 읽는 것으로 간주한다.

일개 상인의 단순한 처신에 위험이 내포되어 있다고 말할 사람은 없을 것이다. 출판업자는 인쇄업자와 동등하게 취급되어서는 안 된다. 좀더 적확하게 비유한다면, 출판업자는 자기들이 만드는 신문에 어떤 견해도 피력할 수 없는 전통에 복종하는 공산당의 인쇄공들과 동등하게 여겨져서도 안 된다. 출판업자는 전적으로 책임을 져야 한다. 어떤 책도 무고하지 않다. 비록 점령 하에서는 삼류 소설들밖에 출판하지 않았다고 해도, 출판업자는 프랑스 국민들의 눈을 현실에서 돌리게 한 데 대해 책임을 져야 한다. 책이나 기사를 썼다고 해서 작가에게는 사형선고를 내리고, 출판업자에게는 무죄를 선고할 수는 없는 법이다. 왜냐하면 출판업자의 도움이 없었다면, 작가의 글들이 빛을 볼 수 없었기 때문이다.

출판계와 마찬가지로 언론계에서도, 해방 직후 질투와 원수갚기가 '정상적인' 숙청 과정을 대신하는 경우가 흔했다. 4년 동안 위선과 원한과 억울함을 겪은 터여서, 놓치기에는 너무나 아까운 기회였다. 게다가 양차 세계대전 사이 22년 동안 지성인들은 결코 잊혀지지 않을 투쟁을 벌이면서 서로에게 완전히 등을 돌린 터였으므로 더욱 그러했다.

숙청은 각자에게 친구와 적을 나누는 계기가 되었다. 암울했던 전시와 마찬가지로, 이와 같은 혼란기에는 사람들의 미덕과 악덕이 드러나기 마련이었다. 그 어느 때보다도 사람들은 자기 자신을 드러냈다. 수사검사에게 보낸 편지 한 통, 어느 신문사에 보낸 변호의 글, 재판에 출석해서 혐의를 벗겨주는 증언 등등. 보통 때라면 이런 일들은 대수롭지 않은 일이다. 그런데 1944~1945년에는 이것은 대단히 중요한 일이었다. 바로 그런 것이 대범한 자와 비겁한 자, 용기 있는 자와 거짓 형제를 구분하는 잣대였다. 반역은 우리가 생각하는 게 아니었다. 반역은 형법 75조에 결부되어 있다기보다는 친분관계에 속한 것이기도 했다.

기소당한 수많은 지성인들이 졸지에 저 유명한 이중행동의 전문가로 둔갑하기도 했다. 유럽혁명을 믿었었고 유럽혁명의 실현을 위해 글을 썼던 이들은 철창 안에 갇힌 채, 수많은 옛 동지들과 부역신문의 동료들이 자유 프랑스의 정보원 자격증을 입증하는 서류를 내민 뒤 즉시 복권되는 것을 보아야 했다. 그들에게 이건 참으로

슬픈 일이 아닐 수 없었다. 잔인한 환멸이었다. 그놈이? 우리와 똑같은 일을 한 놈이? 그놈이 쓴 글들이 고스란히 있는 데도? 그놈이 우리에게 한 말이 있는 데도?

출판업자 뒤랑-오지아는 점령 하에서 출판조합 총무였다가 해방 직후 출판계숙청위원회 위원이 되었다. 그는 전국전문업계숙청위원회의 정부측 감사위원에게 보낸 편지에서 "죄를 지은" 몇몇 동료 출판업자들이 출판사명과 상호를 그대로 사용하고 있다고 탄원했다. 1944년 10월 16일자 법령에 반역 출판사들의 이름을 제명해야 한다는 조항이 명시되어 있지 않은 데 실망한 뒤랑-오지아는 출판사 드노엘의 이름이나 「그랭구아르」 혹은 「필로리」의 이름이 존속하도록 내버려두는 것은 프랑스의 명예에 누를 끼치는 것이라고 판단했다. 점령 하에서 발간되었던 신문들이 금지되었고, 최소한 반역에 연루되지 않았던 다른 신문을 위해 이름을 바꾸어야만 했으므로, 출판계에서도 그에 상응하는 조치가 내려져야 할 것이라고 제안했다. 이런 제안이 실제로 받아들여졌더라면, 출판계의 풍경은 확 달라졌을 것이었다. 왜냐하면 그러한 조치를 피할 수 있는 출판사들은 손으로 꼽을 수 있었기 때문이다. 1946년 '프랑스에 충성'이라는 저항출판업자협회가 창설되었을 때는 불과 몇몇 출판사들만이 가담할 수 있었다. 즉, 에밀-폴, 베르코르, 세게르스, 미뉘, 쇠이으, 르 디방, 사지테르, 샤를로, 샹피옹, 아르마탕, 그리고 몇몇 지방출판사들이었다. 다른 출판사들은 감히 이름을 내밀지도 못했거나 아니면 거부당했다.

머지않아 곧 몇몇 출판사들이 감시대상에 올랐고, 조합은 이 출판사들을 고발함으로써 출판업계 전체의 부담을 덜어주려는 결정을 내렸다. 특히 드노엘, 그라세, 소를로 출판사가 겨냥되었다. 뤼시앙 르바테의 『잔해들』과 셀린의 소책자들을 출판했기 때문에, 또한 부역신문들에 게재된 인터뷰나 글 속에서 밝힌 개인적인 입장 표명 때문에 비난의 표적이 됐던 로베르 드노엘은 루이 아라공과 엘자 트리올레를 철석같이 믿고 있어서, 자신의 과오를 무마할 수 있으리라 기대하고 있었다. 어쨌거나 아라공과 트리올레는 르바테와 함께 드노엘 출판사 카탈로그에 올라 있었고, 그것도 독일 점령하에서 그랬으니 아라공과 트리올레의 태도에 모호한 점이 없는 것은 아니었다. 당시 최고의 실세 권력을 누리던 아라공이 개입했더라면, 분위기를 확 바꿀 수도 있었다. 하지만 아라공은 나서지 않았다. 로베르 드노엘은 지독한 환멸을 느껴야 했다. 그는 재판을 앞두고 살해당했다.

베르나르 그라세는 두 가지 일로 기소되었다. 하나는 그 자신에 대한 것이었고, 다른 하나는 자신의 출판사에 대한 것이었다. 드리외 라 로셸과 자크 샤르돈의 책들, 특히 베르나르 그라세 자신의 책들을 출판했고, 파리의 독일행정부와 긴밀한 관계를 유지했으며, 자기 개인의 명의로 혹은 출판사 명의로 독일제국의 책임자들과 많은 편지를 교환했다는 것이 그에 대한 기소 내용이었다. 하지만 적어도 그라세는 드노엘과는 달리 인기 작가 프랑수아 모리악의 실질적인 도움을 받을 수 있었다. 그라세 출판사의 대표작가로 꼽히는 모리악은 대부분 막후에서 특히 출판계숙청위원회에서 많은 노력을 기울였다.

출판계 숙청은 절차상 대개 시간이 많이 걸리고 어렵사리 이루어졌다. 출판사를 처벌하기 위해 숙청위원회가 채택한 기준들(검열 협약이나 오토 리스트 하단에 쓰인 서명, 독일선전부로부터 종이를 배급받기 위한 접촉과 협상 등)로 인해서, 너무나 많은 수의 출판사들이 최고형을 선고받을 판이어서 접수 서류들이 실질적으로 검토될 수 없었다. 숙청위원회는 무력했고, 제대로 기능을 발휘하지 못했다. 임시 사외감사 임명과 함께 업무 정지조치를 내리기보다는 대부분의 경우 기껏해야 출판업자 등록금지 조치와 더불어 가벼운 징계조치를 내릴 수밖에 없었다. 따라서 숙청위원회는 점차적으로 유명무실해졌고, 아울러 명성 있는 실세 위원들을 잃게 되었다. 이들이 문을 박차고 나온 것은 다음과 같은 확신이 들었기 때문이었다. 출판업계는 프랑스의 명성에 속하기 때문에 당시의 국가권력이 출판업계를 건드릴 의지가 없다고 판단했기 때문이었다. 비록 대형 출판사들이 신뢰를 깎아먹긴 했지만, 자신의 목소리를 알아듣게 할 만한 충분한 지원군을 확보하고 있던 것은 명백한 사실이었다.

일간지 「자유 프랑스」는 "프랑스 사상의 노예화를 부르짖는 작품들을 배포할 수 있는 물질적 수단들을 제공했던 업자들"을 처벌하라고 요구했다. 이런 업자들 가운데 가장 앞장섰던 것은 출판조합인데, 이 단체는 "진정한 반역에 해당하는" 오토 리스트를 인정함으로써 점령 초기부터 "독일선전부에 봉사하는 데에 나섰던" 단체였다. 이와 같은 칼로 물 베기 꼴 숙청은 허다했다.

베르나르 그라세와 앙리 드 몽테를랑이 맞선 재판에서, 검찰은 『하지』의 저자는 처벌을 받지 않아도 그 출판사는 처벌을 받을 수도 있다고 판단했다. 왜냐하면 "한 권의 책은 인쇄되고 배포될 때만이 해를 끼칠 수 있기에, 출판사가 작가보다 천 배 더 죄가 많기 때문"이라는 것이었다. 하지만 이러한 판단은 아무런 쓸모도 없었다.

수많은 기자와 작가들이 처벌되었지만, 처벌받은 언론사주와 출판업자들은 아주 드물었다. 지성인 숙청에서도 경제 체제가 아주 큰 몫을 하기 때문이었다. 창조자에게는 불이익을 주면서도 출판계의 구조는 건드리지 않았던 것이었다. 하지만 대개 사업가가 고개를 꼿꼿이 들 수 있도록 막후에서 도와주는 것은 바로 이념가였다. 왜냐하면 저자는 출판사 없이는 존재하지 않기 때문이고, 출판사를 잃지 않기 위해서는 더한 일도 할 수 있기 때문이다.

가스통 갈리마르의 경우는 그 혼자서 제1의 프랑스 문학출판사라는 명성과 성공을 온몸으로 대변한다는 점에서 상징적인 인물이었다. 1940년 7월, 그에게 파리로 되돌아가서 점령군이 시키는 대로 출판사 문을 다시 열라고 충고한 것은 바로 소속 작가들이었다. 여기에는 좌파 작가도 있었고 우파 작가도 있었다. 이 작가들은 이미 출판된 책들에 대한 인세뿐만 아니라 다음에 발표될 원고의 미래에 대해서도 애착을 가질 수밖에 없었다. 바로 이들이 1944~1945년에 갈리마르의 측근으로 일하게 되는데, 이번에는 갈리마르의 요청에 의해서, 그의 죄를 무마하기 위해 나선 것이었다. 그들은 갈리마르의 요청을 사양하지 않았다. 그래서 약 20여 명의 작가들이 각자 한 통의 편지를 써서 법정에 보내어 가스통 갈리마르에 대한 모든 의혹을 벗기려고 했다. 이 가운데서도 가장 눈에 띄는 것은 역시 카뮈와 사르트르의 편지였는데, 그 내용 때문만이 아니라 그들의 명성 때문이기도 했다. 전쟁 중에 갈리마르 출판사에서 두 권의 책을 출판했다는 사실을 상기시키면서, 사르트르는 편지에 다음과 같이 쓰고 있다. "갈리마르 출판사에 대한 징계는 지성인 레지스탕스에 참여하면서도 갈리마르사에서 책을 출판했던 모든 작가들에 대한 징계라고 생각한다." 카뮈는 좀더 나아갔다. 갈리마르 소속 저항작가들을 거론하면서, "그들은 자신들의 책을 출판했던 출판사와 오늘 당장 연을 끊을 수 없다. 갈리마르 출판사에 대한 모든 심판은 곧 이 작가들에 대한 심판이다. 그리고 개인적으로는, 나보다 더 유명한 동료 작가들과 마찬가지로, 나 자신이 비슷한 심판을 받는 것으로 간주한다"고 덧붙였다.

1945년에 도대체 어느 판사가 감히 「투쟁」의 편집국장을, 「현대」지의 발행인을, 「르 피가로」의 사장을, 정보부장관을 비난할 수 있었겠는가? 즉 차례대로, 카뮈, 사르트르, 브리송, 말로였다. 바로 이들이 갈리마르 출판사의 작가들이었다. 역사는 다시 쓰여지지 않는다. 하지만 만일 점령 하에서 갈리마르사의 편집위원이자 노골적인 파시스트였던 라몽 페르낭데즈가 해방 직전 뇌경색으로 사망하지 않고 살아 있었더라면, 만일 1940년부터 1943년까지 「신프랑스지」의 발행인이던 드리외 라 로셸이 숙청이 한창이던 시기에 자살하지 않았더라면, 위 작가들이 한 증언들의 신빙성과 정당성이 어떻게 되었을까를 생각해보지 않을 수 없다. 라몽 페르낭데즈가 있었더라면, 전쟁 동안의 갈리마르사의 출판노선에 관해 은근슬쩍 넘어가는 게 훨씬 더 어려웠을 것이다. 드리외 라 로셸이 살아 있었다면, 부역의 모든 악과 원죄를 「신프랑스지」에 돌림으로써 출판사의 죄를 좀더 잘 무마하려는 일은 불가능했을 것이다.

페르낭데즈와 라 로셸은 제때에 사망함으로써 그들의 출판업자이자 사장이기도 했던 갈리마르와 연대 책임을 지지 않아도 되었다. 만일 그렇지 않았더라면, 너무나도 곤혹스러운 상황이 벌어졌을 것이었다.

언론에서도 비슷한 상황이 전개되었다. 물론 알베르 르죈은 처형되었다. 지방지를 그토록 선호했던 알베르 르죈은 독일선전부의 책임자들과 너무나 가깝고 지속적인 관계를 유지했으므로 사형을 모면할 수 없었다. 르죈의 경우는 너무나도 확연했다. 하지만 언론계 종사자들에 대해, 형사재판소와 민사재판소는 모든 것을 고려해서 징역형보다는 공민권 박탈을 선고했다. 게다가 1945년부터는 법적 처벌 조치가 점점 더 누그러져서, 남불의 기자들은 프랑스 북부나 파리의 기자들보다 비교적 훨씬 덜 무거운 형을 선고받았다. 지역별로 실시된 세밀한 조사에 따르면, 언론계의 유명인사들과 관련된 사건들, 즉 필연적으로 파리에서 기소된 사건들을 제외하고는 비교적 형량이 가벼웠다는 사실이 드러났다.

그런데 이러한 제재조치 속에서 언론사주들은 어떻게 되었는가? 여러 가지 점에서 일간지 「우에스트-에클레르」 재판은 의미심장하고 대표적이었다. 이 유명 지방지는 재판에서 "친독 부역신문들 중에서도 가장 적극적인 신문들에 포함되는" 것으로 인정되었다. 그런데 발행인은 10년간의 공민권 박탈이란 형밖에 받지 않았다. 그리고 정치부장은 2년간 공민권을 박탈당했다. 출판국은 4천만 프랑의 벌금형을 선고받았다. 그런데 검찰 측은 위의 발행인과 정치부장에게 징역형을 구형했었다. 전자의 경우는 정기배당금을 지불하기 위해 너무 지나친 양도를 한 데 대해, 후자의 경우는 1942년 11월 자유지역이 독일군 지배하에 넘어간 이후 독일의 검열을 수용한 데 대한 구형이었다. 출판국에 내려진 벌금은 원래 예상했던 재산 몰수를 대신한 형이었고, 1950년에 기탁된 재산가가 5억 9천7백만 프랑에 달했던 것으로 볼 때 너무나 미미한 벌금이었다.

영화계의 숙청에서도 비슷한 현상을 발견할 수 있다. 1944년 9

월에 활동이 금지된 감독 여덟 명 가운데 일곱 명은 독일영화사인 콘티넨탈에서 영화를 찍었었다. 1944년 말까지 불안에 떨어야 했던 영화인들은 독일군이나 부역단체들(친독의용대, 나치 소속 프랑스외인부대 등)과 직접적으로 함께 일한 사람들이었다. 숙청위원회는 제재조치의 등급을 설정했는데, 영화감독 금지에서부터 직권인사이동에 이르기까지 모든 종류의 징계를 망라했다. 가장 준엄한 제재는 영화사 사장과 이사진에게 돌아갔는데, 특히 이를테면 프로파간다의 기본 자료가 된 독일칭송 시사영화를 촬영한 사람들이었다. 배우들에 대한 숙청으로 말하자면, 애국적 행동의 기준을 마련하기 위해 지하저항활동 당시에 만들어진 설문에 실린 일련의 질문들이 피고에게 "지성인으로서의 의무"를 저버리지 않았는지 스스로 양심에 손을 얹고 심판하도록 요구하고 있는 것이 흥미롭다. 결국, 민사법정에서 검찰 측이 요구한 수많은 석방, 경고 조치, 기소 중지 처분 이외에 여덟 개의 사건 가운데 두 건이 무죄로 판결되었고, 파리 형사 법정에서는 세 개의 사건 중 하나의 경우에만 중형이 내려졌다. 중형을 선고받은 자는 바로 셀린의 동반자였던 로베르 비강이었고, 나머지 둘에 해당하는 사샤 기트리와 마리 마르케는 면소 판결을 받았다.

부역 언론의 중심지였던 파리에서는 어떻게 되었는가? 문학 및 예술 주간지 「코메디아」의 발행인인 르네 들랑쥐는 그다지 불안에 떨지 않아도 될 만큼 1945년 10월에 또 하나의 잡지「20세기」를 창간했는데, 당시만 하더라도 저 유명한「코메디아」의 몇몇 글쟁이들은 여전히 감옥에 있는 상태였다. 주간지「라 제르브」의 발행인으로 법에 쫓긴 알퐁스 드 샤토브리앙은 1945년 피신했던 한 수도원에서 사망했다.「아침」의 발행인 뷔노-바리야(아들)는 투옥되었다.「국가혁명」의 발행인 뤼시아 콩벨은 15년의 강제노역형을 선고받았다. 이들 중 몇몇은 끝까지 자신의 부역 논리를 극단적으로 발전시키기도 했다. 이들과는 달리, 더 부유하고 기회주의적인 자들은 제때에 돈으로 자유를 사기도 했다. 그 중에 대표적인 예가 언론과 섬유계의 거물이면서 당시 리옹에 본사를 일시적으로 옮겼던「파리 수아르」사장 장 프루보스트이다.

드골 지지자들에게 장 프루보스트는 무엇보다도 1940년 6월 유람선 마실리아 호에 타고서 저항을 위해 프랑스를 떠나 모로코로 향하던 의원들을 비난하는 캠페인을 주도했던 인물로 남아 있었다. 프루보스트는 이 저질 캠페인을 벌이는 데에 자신의 신문을 동원하는 것으로 만족하지 않았다. 그는 페탱 원수의 선전책임을 맡은 정보부차관을 잠시 맡기도 했었다. 1944~1945년 당시 흔히 말하듯이 "충분히 법망에 걸릴" 만한 경우였다. 하지만 그는 법망을 피해 갔다. 그가 어떻게 법망을 벗어날 수 있었는지에 대해서는 최근에 와서야 미셸 드브레에 의해 밝혀졌다. 미셸 드브레는 전쟁 중 독일 점령 하에서 장 물랭과 몇몇 전문가들의 발의로 전후의 행정조치와 여타 조치들을 마련해두기 위해 창설된 총괄연구위원회의 초기 멤버들 중의 한 사람이었다. 피에르-앙리 테트겐, 알렉상드르 파로디, 프랑수아 드 망통이 이 위원회에 참여했다. 1944년 봄, 레지스탕스전국협의회 회장인 조르주 비도는 프루보스트가 "만성적으로 적자에 허덕이던" 레지스탕스에 막대한 금액을 지원함으로써 자신의 죄를 사려 한다는 사실을 알게 되었다. 중개자들로부터 제의를 받은 조르주 비도는 일단 주저하다가, 메종-레지스탕스의 회계를 훤히 알고 있던 드브레에게 이 일을 처리하도록 맡겼다. 그렇게 해서 드브레는 라파이에트 가(街)에 있는 프루보스트의 섬유회사 본점에 두 번이나 들렀는데, 프루보스트의 오른팔인 에르베 밀이 두 장의 정식 영수증을 받고, 두 번에 걸쳐 두 개의 자루에다 7백만 프랑을 담아주었다고 한다. 내일을 준비해야 했으므로, 프루보스트가 신중해지기로 마음먹은 것은 옳았다. 프루보스트 재판이 열렸을 때, 변호인인 샤르팡티에는 바로 이 두 개의 증거 서류에 힘입어 혐의를 벗기려 했고, 레지스탕스에 기여한 공로로 프루보스트의 무죄 판결을 이끌어냈다.

이처럼 모든 것을 돈으로 살 수 있었다. 심지어 너그러운 숙청조차 말이다.

법정과 모든 문인협회들—아카데미 프랑세즈에서 아카데미 말라르메에 이르기까지—이 지성인 숙청에 대해 할 말이 많았지만, 지하저항활동에서 탄생한 전국작가협의회는 중대한 역할을 하게 되었다. 이러한 상황은 반드시 이 단체 회원들의 면면과 다양함 때문만이 아니라, 접촉하지 말아야 할 작가들에 대한 블랙리스트가 가져온 여파 때문이기도 했다. 이 블랙리스트는 뚜렷한 참조기준이 없던 시기에 곧바로 기준지표가 되었다.

 해방 직후, 전국작가협의회는 두 가지 사명을 다하는 데에 힘을 모았다. 그런데 이 두 가지 사명은 한 가지나 다름없었다. 즉, 작가 숙청—어떤 이들은 "동료에게 죽음을!"이라고 암시적인 한 마디로 요약하기도 했다—과 죽은 동료들에 대한 애도의 표시였다. 전작협이 지하 시대를 벗어나 공개적으로 처음 내린 몇몇 결정 사항들을 언급하려면, 당시의 상황에서 살펴보아야 한다. 당시 파리는 해방의 기쁨에 들떠 있었고, 멀지 않은 전선에서는 여전히 전쟁이 계속되고 있었을 뿐만 아니라, 독일로 피신한 부역 기자들이 살인을 부추기는 선전 공격을 해대던 상황이었다. 이러한 분위기에서는 호의도 냉정한 심판도 어려웠다.

 전작협은 1944년 9월 5일자 발의안에서 죄를 지은 작가들에 대한 몇 가지 처벌 기준을 이미 제시한 바 있었다. 독일이 주도하는 정당 혹은 민간기구나 범군사조직에 속했던 작가들, 휴전협정 이후 작가총회에 참석하기 위해 독일을 방문했던 작가들, 프로파간다에 협조하는 대가로 적으로부터 돈을 받은 작가들, "글이나 개인적인 영향력을 행사해서 히틀러의 압제와 히틀러 선전을 도와주고 지원했던" 작가들이 그 대상이었다. 그런데 이 마지막 기준은 너무나 애매해서 많은 남용을 가져오기도 했다.

최초의 기피작가 명단은 전작협 내의 다양한 정치 성향을 대변하는 숙청위원회에 의해 작성되었다. 숙청위원회의 위원은 자크 드 뷔-브리델, 폴 엘뤼아르, 가브리엘 마르셀, 레이몽 크노, 앙드레 루소, 뤼시앙 슐러, 베르코르, 샤를 비드락 등이었다. 이들의 표적은? 로베르 브라지약, 루이-페르디낭 셀린, 알퐁스 드 샤토브리앙, 자크 샤르돈, 피에르 드리외 라 로셀, 장 지오노, 마르셀 주앙도, 샤를 모라스, 앙리 드 몽테를랑, 폴 모랑, 아르망 프티장, 앙드레 테리브 등등. 이들 가운데 몇몇은 당연했고, 어떤 이들은 의외였고, 명단에 포함되지 않은 자들도 있었다. 하지만 이제 시작일 뿐이었다. 장차 위원회는 이전에 저질렀던 실수를 만회하고 깜빡 잊고 누락했던 것을 다시 교정할 기회를 갖게 될 것이었다(부록 5 참조). 공민권 박탈에 해당하는 경범죄를 법령으로 구체화한 것도 위와 같은 의도에서였다. 따라서 죄인을 두 범주로 분류했는데, 부역자와 타협자였다. 물론 전작협이 제시한 리스트들은 이 두 부류의 죄인 사이의 구체적인 차이를 제시하지는 못했다. 격리 원칙이 결정되기 위해서는 저항작가의 윤리규칙들을 제시하는 헌장(부록 6 참조)이 발표될 때까지 기다려야 했다. 이 헌장에 명시된 다섯 가지 행동 원칙 끝에는 다음과 같은 명확한 구절이 쓰어 있다. "전작협의 회원들은 만장일치로, 점령 하에서 글이나 행동으로 압제자에게 정신적 혹은 물질적 도움을 주었던 작가가 쓴 텍스트를 출판하는 신문, 잡지, 총서, 공동저술에 어떤 형태로든 참여하는 것을 거부한다고 약속한다."

이것은 타협 작가들의 출판금지를 뜻하는 게 아니었다. 그보다는 훨씬 더 위험한 조치였다. 너그러움을 베푸는 신문과 출판사에 대한 보이콧이었다. 하기야 같은 말이었다. 왜냐하면 해방 직후의 프랑스에서 마르셀 주앙도의 글을 실었다가 존중받는 사람들의 글을 하나도 싣지 못하게 될 위험을 무릅쓰는 편집국장이나 출판사는 상상조차 하기 힘든 현실이었기 때문이다.

이처럼 지성인들에게 숙청은 4년 전 독일선전부가 지배했을 때와 똑같은 식으로, 즉 추방 작가 명단을 발표하는 것으로 시작되었다. 출판금지 서적목록에 뒤이어 출판금지 작가목록이 발표되었다. 전작협의 리스트가 오토 리스트를 쫓아낸 것이었다. 하지만 나라가 더 이상 군화발 아래 있지 않았으므로, 이러한 조치는 논쟁과 반론의 빌미를 제공했고 머지않아 전작협의 단결에 균열을 불러일으켜서 이 기구 자체를 뒤흔들어 놓게 되었다. 베르코르의 판단에 따르면, 독일군과 타협했던 인사들과 함께 하기를 거부하는 것은 "최소한 지켜야 할 일"이었다. 비록 부역 작가들 모두가 밀고자는 아니었다 하더라도, 부역 작가들의 이름 곁에 마치 서로 팔을 끼고 있는 것처럼 자신의 이름을 같은 신문에 올린다는 것이 베르코르에게는 추악한 짓으로 보였다. 베르코르가 보기에 블랙리스트는 강제노역감옥이나 사형행렬이 아니라, 단지 죄인공시대를 의미할 뿐이었다. 『바다의 침묵』의 저자는 단지 자기 친구를 선택할 권리, 자기 마음에 드는 자와 저녁을 함께 할 수 있는 권리, 그가 경멸하는 동료들과 악수하지 않을 수 있는 권리를 주장했다. "내가 경멸하는 자들을 생각하기만 해도 내 가슴이 뒤집어진다. 그들을 보고 싶지 않다. 이게 전부다. 왜냐하면 그들은 우리에게 혐오감을 주기 때문에, 그들은 우리를 구역질나게 하기 때문에, 그들의 얼굴만 봐도 식욕이 떨어지기 때문에."

점령 하에서 유행하던 의도적인 논쟁 어투는 점령 종식과 더불어 완화된 게 아니었다. 숙청이 진행되는 동안에 확인할 수 있게 되듯이, 배척 언어와 즉흥적인 논리들은 특정한 사고그룹의 전유물이 아니라 민중의 증오 분위기가 반영된 결과였다.

베르코르와 마찬가지로, 시몬 드 보부아르는 수백만 명의 유태인과 저항투사들의 죽음에 동조했던 자들의 말을 더 이상 듣고 싶지 않았다. 그래서 그녀는 패각추방 식의 감정을 경계하면서도, 그 어떤 출판물에서건 그들의 이름 곁에 자신의 이름이 나란히 쓰여 있는 것을 거부했다. 그녀의 태도에 담긴 모든 모순은 다음의 한 마디에 포함되어 있다. "복수는 허무한 짓이지만, 어떤 인간들은 우리가 건설하고자 하는 세계에 발붙일 자리가 없다."

전쟁이 끝날 즈음 마지막 순간에 레지스탕스에 합류한 작가들은 전작협의 일부 회원들과 자리를 함께 하는 데에 처음부터 많은 애를 먹어야 했다. 그들은 1945년 당시 모든 사람들의 기억에 고스란히 남아 있던 최근의 실수들을 만회해야만 했으므로, 더욱 허풍을 떨고 우겨대야 했다. 이러한 속죄 광경은 작가로서의 명예와 존엄성을 지키려고 독일군의 검열에 원고를 넘기길 거부했던 몇 안 되는 작가들에게는 도무지 참을 수 없는 것이었다. 1944년 9월의 초기 모임 때부터, 지하저항활동 당시 피에르 니콜 가에 있는 에디트 토마네 집에 모였던 열댓 명에 끼이지 않았던 작가들을 아라공이 몇십 명씩 데리고 오자, 장 게에노는 어느 날 화가 치민 나머지 자리를 박차고 일어서면서 다음과 같이 말했다. "나를 잘 쳐다보시오. 왜냐하면 여러분들은 더 이상 나를 다시 볼 수 없을 테니 말이오!"

'거물급 글쟁이들'이 하나 둘씩 전작협을 떠났다. 남아 있는 작가들은 그들끼리 둘로 나뉘었다. 쥘리앙 방다처럼 자신의 입장을 더욱 밀고 나가는 작가들이 있었고, 이와 반대로 외부에서 전작협의 지침을 정당화하려는 작가들이 있었다. 심판자의 위치에 있지 않다고 생각하는 장 카수는 법정보다 연회에 더 자주 들락거리는 옛 투사들의 동지회로 전작협을 간주하려 했다. "전작협은 문단 생활에 어떤 영향력도 행사할 생각이 없다. 전작협은 종교재판소도 공안협의회도 아니다. 전작협은 하나의 추억으로 남는 것으로 족하다."

전작협의 리스트를 보고 가톨릭 철학자 가브리엘 마르셀은 당황해 했다. 왜냐하면 그는 심판자와 고발자로 나서지도 않으면서 기피인물과 죄인을 구분하는 게 위선이라 생각했고, 순진한 사람에서부터 경솔한 자를 거쳐 반역자에 이르기까지 모든 부류의 죄인들을 처벌하는 가치 척도에 의거해서 작가들의 책임을 매기는 게 불가능하다고 생각했기 때문이었다. 법조인이 담당해야 할 이러한 임무는 작가의 권한에 속하지 않는다고 판단하면서도, 가브리엘 마르셀은 알랭 로브로(트뤼포 감독의 『마지막 전철』의 닥시아 역)나 르바테 같은 자들이 기고하는 지면에 글을 쓰기를 거부했다. 그럼에도 불구하고, 블랙리스트에 오른 몇몇 작가들과 개인적으로는 악수를 하기도 했는데, 그의 말에 따르면 "딴 생각이 없지 않았던 게 사실" 이라고 했다. 가브리엘 마르셀은 "법이 경솔하게 처신했던 자들은 감옥에 집어넣고 진짜 반역자들은 자유로이 활보하도록 내버려두고" 있는 데 대해 유감스러워 했다. 그래서 그는 의사나 변호사들처럼 작가 기구 창설의 필요성에 대해서 자문해 보기도 했다.

전작협의 회원들이 보인 모순적인 태도들 가운데서도 가장 의미심장한 경우는 아마도 장 폴랑의 태도였다. 이것은 그가 문단에 행사하는 막대한 영향력은 물론 장 폴랑 개인의 인품과 그의 온건한 판단에도 기인했다. 1943년 전작협이 채택했던 원칙, 즉 '전작협은 판사도 밀고자도 아니고, 정의의 사도도 고발자도 아니다' 라는 원칙을 폴랑은 끊임없이 동료들에게 상기시켰는데, 특히 자기들의 이상을 스스로 저버리는 것을 무릅쓰고라도 죄인들과 싸우는 데 너무 성급한 동료들에게는 더욱 그러했다. 「에스프리」와 「프랑스 문예」(폴랑은 공동 창간자였다)가 본보기가 될 만한 처벌을 주장하던 반면에, 폴랑은 작가에게 실수할 권리를 인정하는 부가조항을 전작협의 헌장에 삽입할 것을 요구했다. 이러한 요구는 거의 몰상식한 것처럼 보였다. 갈리마르 출판사의 문학 분야를 대표하는 거물로서 그는 예수회 신부라도 된 듯, 전작협의 친구들의 기분을 상하게 하지 않으려고 그들의 공적을 치하하면서도, 그들의 고집을 받아들이지 않았다.

폴랑은 전작협의 블랙리스트와 보이콧을 자기배반으로 간주했다. 왜냐하면 점령 하에서 서약했던 '선서들'과 전적으로 충돌한다고 생각하기 때문이었다. 더러운 자들이 쓰는 지면에 글을 내지 않겠다는 것이 그가 보기엔 일종의 낭트칙령 파기였고, 아무튼 문단의 역사에 남을 사건이었다. 민주적 절차에 따른 조합의 결정이 사람들의 악의에 의해서 어떻게 '파시스트의 판결문'으로 둔갑하는지를 블랙리스트는 여실히 보여주고 있었다. 폴랑이 전작협의 사람들을 비난하는 이유는 그들의 끈질긴 원한과 저속한 복수심 때문이었다. 그는 좀더 고양된 품위를 주장하면서, 얼마든지 심사숙고해 볼 수 있는 예들을 거침없이 인용했다. 1914년에 스위스에 머물면서 독일과 프랑스 중 어느 편이 자기 편인지를 택하기를 거부했던 평화주의자 로맹 롤랑은 1920년이 되자마자 지성인 사회에서 용서를 받은 바 있었고, 시인 랭보도 1870년 전쟁에 대한 그의 태도를 용서받은 적이 있었다는 것이다.

프랑스 문단에서 톨레랑스의 상징이던 폴랑은 다음과 같이 말했다. "그릇된 애국자들이 때로는 국가의 사치품일 때도 있다." 이 말을 잘 이해하기 위해서는 폴랑이 엘뤼아르의 친구이자 주앙도의 친구였다는 사실을, 양차 세계대전 사이에 출판된 프랑스 문학 작품 가운데 가장 뛰어나고 훗날에 남을 작품들이 그 정치적 성향을 불문하고 적어도 한 번은 그의 사무실을 거쳐가야 했다는 사실을, 점령 기간 중 그가 낮에는 몇몇 독일 장교들(융거와 헬러)을 만나고 밤에는 독일군에 의해 지명수배된 저항투사들을 만났다는 사실을, 불법적으로 「프랑스 문예」를 창간하면서도 동시에 라몽 페르낭데즈와 자크 샤르돈과 함께 「코메디아」에 정기적으로 문학기사를 발표했다는 사실을, 그리고 그가 브라지약 구명운동에 서명했다는 사실 등등을 기억해야만 한다.

폴랑에게 유일한 조국이 있다면, 그것은 바로 문학이었다. 그에게는 지성적 가치보다 위에 있는 것은 아무 것도 없었다. 특히 정치는 더더욱 아니었다. 그러니 그가 전작협 안에서 편할 수 없었고 전작협의 위선을 비꼬지 않을 수 없었다. "당신들이 보기에는 범죄를 부추기는 문학인보다 범죄자가 덜 죄를 지은 것 같고, 반역하라고 충고하는 이데올로그보다는 반역자가 더 용서받을 만하다는 것이다. 그래서 당신들은 실천자보다는 저자를, 결과보다는 원인을 비난해야 한다고 작심했다."

카뮈와 모리악이 그랬듯이, 폴랑은 무엇보다도 원칙을 위해 싸웠다. 그는 너무나 극적인 상황 속에 처해 있었다. 적지 않은 목숨들이 걸려 있는 상황이었는데, 언론의 캠페인이나 여론의 압력 덕분에 강제노역 감옥행을 면할 수도 있는 상황이었다. 폴랑은 또한 개별적인 경우들을 놓고도 투쟁했다. 그는 전작협의 최초 리스트가 즉흥적으로 되는 대로 작성되었다는 사실을 어느 누구보다도 잘 알 수 있는 위치에 있었다. 그는 또한 개인의 복수심 때문에 반역죄를 뒤집어쓴 경우도 있었다는 사실을 잘 알고 있었다.

그토록 서둘러 진행되는 상황에서는, 게다가 평상시보다 훨씬 더 엄격해야 할 순간에 그토록 모자란 분별력을 가지고서는, 선인과 악인을 가려내기가 결코 쉬운 일이 아니었다. 리스트가 새로 나올 때마다 삭제되거나 첨가되면서 달라진 것을 보면, 경솔한 판단에서 비롯되었다는 것이 그대로 드러났다. 클로드 모르강은 마르셀 에메에 대한 호의와 그의 재능에 대한 존경심을 품고 있음에도 불구하고, 마르셀 에메가 「즈 쉬 파르투」에 발표한 콩트들 때문에, 마르셀 에메의 이름을 블랙리스트에 올려야 한다고 거침없이 주장했다. 바로 그런 모르강이 아라공과 작당해서 피에르 브누아(모르강의 표현에 따르면, 리스트와 "아무런 상관도 없는")를 삭제하기 위해 작전을 폈다. 피에르 브누아는 전쟁 기간에 「프티 파리지앵」에 참여했고, 페탱 지지자로 널리 알려진 아카데미 프랑세즈 회원이었다. 그런데 어떤 목적으로 두 공산주의자 모르강과 아라공은 피에르 브누아의 명예를 회복하는 데에 도움을 주려 한 것일까? 장 폴랑의 설명은 이렇다. "해방 직후 아라공은 그의 일간지[20]에 연재할 유명 작가의 소설을 공짜로 구하고 있었다. 카르코가 그에게 피에르 브누아를 데리고 왔다. 소설『아틀랑티드』를 연재하는 대가로 브누아의 이름이 블랙리스트에서 삭제되었다. 그 후 아라공과 브누아는 서로 만나 즐기는 사이가 되었고, 심지어 아카데미 프랑세즈의 아라공 자리에 대해서까지 얘기했다."

폴랑은 마지막 순간에 레지스탕스에 합류한 많은 이들이 막무가내로 전쟁 초기의 저항투사들을 투옥하려 한다고 비난한 바 있었다. "도대체 왜 당신들이 날뛰는 거요? 내가 보기에 진짜 애국자는 훨씬 더 조용한 것 같소. 그리고 훨씬 더 겸손하오." 그런데 폴랑 자신도 아르망 프티장을 두둔했다. 폴랑에 따르면, 아르망 프티장은 1943년부터 레지스탕스의 전투에 참여했고, 1944년에는 보주 산맥 전투에 참여했고, 1945년에는 연합군이 점령한 독일에 있었다. 따라서 좋은 편에 있었던 셈이다. 하지만 프티장은 "비시 정권 하에서 쓴 열두 개의 악질 기사 때문에" 블랙리스트에 올라야 했다.

---

20) 공산당 계열의 일간지「스 수아르」를 가리킴.

드노엘 출판사에서 15년간 제작부장을 맡았던 르네 바르자벨은 풋내기 소설가로 「즈 쉬 파르투」에 소설 『신중하지 못한 여행』을 연재했었다. 이 때문에 전작협의 최초 리스트에 그의 이름이 올라 있었는데, 그는 이걸 받아들이려 하지 않았다. 그래서 그는 숙청위원회 위원들 모두에게 한 통의 편지를 발송했는데, 그 편지에는 다음과 같은 내용이 들어 있었다고 한다. 나는 잘못했다고 생각하지 않는다, 나는 아무 것도 후회하지 않는다, 나는 내가 쓴 글에서 단 한 줄도 지울 게 없다, 등등. 그는 단 한 장의 답장밖에 받지 못했다. 게다가 이 답장을 쓴 아카데미 프랑세즈 위원은 그의 책을 읽어보지 못했다고 대답했다고 한다. 그로부터 얼마 뒤, 전작협의 2차 리스트에서 바르자벨이라는 이름은 사라졌다. 아무튼 이게 바르자벨 자신이 전하는 사건 전모이다.

상식적인 일이지만, 대부분의 제명자들은 해방 직후에 당했던 치욕적인 오점을 지우려 애썼다. 폴 레오토는 이들을 모두 동원해 '전작협에서 쫓겨난 자들의 일기'를 발간하려 하기도 했다. 법정에서 형을 선고받은 이들도 있었는데, 이들에겐 전작협의 블랙리스트에 오른 것은 강제노역형에 비추어 보면 아무 것도 아니었다. 하지만 제명자들 중 몇몇은 나중에 자신의 입장을 밝히기도 했다. 가령, 몽테를랑은 점령 하에서 자신이 취한 태도를 정당화시키기 위해서 1948년에 자신을 변호하는 회고록을 썼지만, 1976년에 가서야 출판되었다.

피에르 앙드뢰는 회고록에서 「르 피가로」지가 발표한 리스트 상단에 자기 이름이 올라 있는 것을 보고는 질겁했던 상황을 기술하고 있다. 그가 리스트에 오르게 된 이유는 1940년에 페탱을 지지했던 하바스 통신사 편집국 기자였고, "몇 번에 걸쳐 신중하지 못한 말"을 했을 뿐만 아니라, "몇몇 성격이 분명치 않은 기관지에 아마도 시국과는 관련이 없긴 하지만 몇 개의 기사들"을 발표했었기 때문이었다. 자기 이름을 보고 한순간은 그렇게도 명망 있는 작가들과 나란히 있다는 데 자부심을 느끼기도 했지만, 곧 그는 몸서리를 쳤고 사방팔방으로 미친 듯이 날뛰다가 도움을 구하기 위해 이런 저런 사람들에게 편지를 썼다. 치욕으로부터 벗어나기 위한 몸부림이었다. 결국, 몇 달 뒤 「프랑스 문예」를 읽다가 리스트에서 자기 이름이 빠져 있는 것을 보고 사실상 복권되었다고 판단했다. "나는 다시 모리악과 악수할 수 있었지만, 내 가슴과 내 머리는 이미 타격을 받았고, 어쩌면 그 충격에서 완전히 벗어나진 못했다"고 그는 회고했다.

라탱가에서 서점을 경영하던 피에르 베아른도 비슷한 경험을 했었다. 그는 30년이 지난 뒤 자신의 입장을 밝혔다. 그는 1941년 갈리마르 출판사에서 『덩케르크에서 리버풀까지』를 출간한 바 있었다. 이 책은 프랑스 해안과 영국 해안을 왔다 갔다 하는 한 트롤선 어부의 일기였다. 이 책에 깔린 반드골, 반영국적인 기조 때문에, 1942~1943년에는 프랑스와 독일에서 발간되는 출판물 홍보용 카탈로그인 「책의 거울」에 실린 바 있었다. 피에르 베아른은 왜 전국문필가저항대원협의회가 자기를 비난하는지 이해할 수 없었다. 더욱이 그는 개인적으로 이 협의회의 많은 위원들을 알고 있는 데다가, 이를테면 므슈-르-프랭스 가의 자기 책방에서 엘뤼아르의 유명한 시집『나는 자유라는 네 이름을 쓴다』를 100권 이상 팔았던 기억이 있어서 더욱더 이해할 수 없었다. 게다가 그는 엘뤼아르의 시집을 책방의 진열창에 여러 달 동안 진열했으나, 친독의용대로부터도 검열당국으로부터도 항의를 받은 적이 없었다. "독일군은 글이 아니라 행동을 처벌한다"라고 그는 판단했었다. 그래서 피에르 베아른은 반발했고, 전작협에 "협박하는" 편지를 보냈다.『덩케르크에서 리버풀까지』의 원고를 직접 검토했고 독일검열관으로부터 단 한 구절의 삭제만을 얻어낸 후 출판허가를 내린 장본인이었던 장 폴랑은 그에게 다음과 같이 답장했다. "「프랑스 문예」가 발표한 리스트는 하나의 초안에 불과합니다. 이 사람 저 사람의 머리에 떠오르는 대로 이름을 적은 것뿐입니다. 전작협은 이 리스트와 별 상관이 없습니다. 이 리스트와 관련해서 전작협은 의사를 타진 받은 적이 없습니다." 다른 사람들은 그의 이름이 불명예 리스트에서 삭제될 것이라고 답장했다. 실제로, 그의 이름은 다음번 리스트에서 빠졌다. 피에르 베아른은 기뻤다. 하지만 그의 고객들을 담당하는 수사검사는 그에게 다음과 같이 말했다. "당신 생각은 틀렸소.……왜냐하면 그렇다고 해도 앞으로 오랫동안 당신은 비난을 면치 못할 것이오. 이유는 잘 모르겠지만, 당신은 리스트에서 삭제된 자로 남을 것이오. 중상모략은 늘 그 피해를 안겨주는 법이오."

중상모략이라……

일부 레지스탕스 작가들, 진정한 레지스탕스 작가들은 심판자도 밀고자도 되지 않기로 약속했었다. 그건 지식인이 할 일이 아니었고, 지성인의 책임에 속한 것도 아니었다. 하지만 굳이 두 개의 잡지만 거명하자면, 「프랑스 문예」나 「에스프리」지를 읽다보면 그 반대를 생각하게 한다. 이 경우 일부 지성인들이 보인 폭력적이고 절대주의적인 복수심은 차치하고, 당시 아주 적확한 콘텍스트에서 이런 과도(過度)의 원인이 무엇인지를 찾아내야 할 것이다. 4년간의 속박 끝에 나온 첫마디는 대개 으레 그렇듯이 울부짖음이었다. 특히, 레지스탕스의 신비로운 후광에 힘입어 해방된 파리에서 떠오르는 문인들은 이념 전쟁에서의 결정적인 무기, 즉 언론을 마음대로 주무르고 있었다.

「즈 쉬 파르투」, 「그랭구아르」 혹은 「라 제르브」 같은 신문들이 점령 기간에 많은 부수를 발행하고 있었다는 사실을 흔히 잊고 있다. 누구도 이런 신문들을 사라고 강요당하지 않았으며, 더더욱 이 신문들을 읽으라고 강요당하진 않았다. 게다가 독자들은 이 신문 편집자들의 정치적 의도를 훤히 꿰뚫고 있었다. 급박하게 돌아가는 시국과 넘치는 정보 그리고 프랑스 국민들의 알려는 의지 덕분에,

제4의 권력은 전시에나 전후에나 이름값을 다하고 있었다. 기사 하나, 언론 캠페인 하나 또는 일련의 탐문기사가 사람을 죽일 수도 살릴 수도 있었다. 배심원들에 대한 압박은 먼저 신문에서 이루어지고, 법원 정문 앞의 시위가 그 뒤를 잇는 형국이었다.

몇 개의 수치들이 말해주는 바가 크다. 1945년 10월 파리에서 발간되던 주요 일간지들의 발행 부수이다. 「뤼마니테」 45만 6천 부, 「르 피가로」 38만 2천 부, 「해방」 24만 7천 부, 「프랑-티뢰르」 19만 1천 부, 「투쟁」 18만 부, 그리고 석간지로는 「스 수아르」 42만 9천 부, 「프랑스-수아르」 33만 8천 부, 「르 몽드」 19만 8천 부였다. 이 수치에는 수없이 생겨나던 지방지들, 주간지들, 잡지들, 월간지들이 포함되어 있지 않다. 신생 신문 잡지들도 급박한 현안을 다루지 않을 수 없었다. 이를테면, 계속되는 전쟁, 숙청, 식량보급 등등.

새로운 언론 조직 속에서 프랑시스크 가이와 알베르 바이예는 두 명의 주요인사인 듯했다. 하지만 여러 가지 수치들이 확인해주듯이, 공산당은 지부와 압력수단이 무한해 보이는 가장 영향력 있는 정치단체임이 분명했다. 공산당의 영향 하에 있는 신문 수를 헤아리며 장난하기를 좋아했던 드골 장군은 일간지 「뤼마니테」와 「스 수아르」 외에도, 「아방 가르드」, 「행동」, 「라 테르」, 「프랑스 문예」, 「르 카나르 앙셰네」, 「국민전선」, 「프랑-티뢰르」, 「해방」 등 약 70여 개의 주간지와 50여 개의 지방지들을 꼽은 적이 있었다.

위 신문들 중 일부는 이따금 소위 '패배한 언론'에 꽤 가까운 언론관을 드러내곤 했다. 이를테면, 「프랑스 문예」의 2면은 「즈 쉬 파르투」가 그랬던 것처럼 대개 고발 동향에 할애되었고, 「프랑-티 뢰르」의 '숙청' 란은 '숙청이 지속되기를' 이라는 제목 아래 편집되어 있었다. 박학한 동지에서부터 고집불통 투사에 이르기까지, 공산주의자들의 글에는 모든 뉘앙스를 풍기고 있었다. 「스 수아르」의 편집국장인 루이 파로는 1945년 말 아라공에 대해 다음과 같이 언급했다. "아라공에겐 전쟁이 계속되고 있고, 사람들에겐 많은 적들이 있어서 적을 지명하고 말라죽게 하는 것은 바로 시인의 몫이다." 아라공-트리올레 부부는 모든 연단에 초대되고 모든 신문에 글을 쓰는 등, 사방팔방에서 활약했다. 그들은 둘로 나뉜 프랑스로부터 같은 이유 때문에 증오받고 난도질당하기도 했다. 그들은 문단의 숙청을 대변하고 있어서, 엘자 트리올레는 다음과 같이 회고하기도 했다. "우리는 파리에서 가장 해로운 자들이자 가장 환대받는 이들이었다."

1944~1945년에 아라공은 그야말로 모든 것을 할 수 있었다. 그는 갈리마르 출판사에서 책을 내고, 10만 부 이상 찍는 「프랑스 문예」에 글을 쓰고, 소련에서 장-리샤르 블록이 돌아오길 기다리며 「스 수아르」의 발행인을 맡고 있었다. 또한 그는 전작협의 사무총장이었고, 레지스탕스 시인이었고, 드골이 아카데미 프랑세즈의 회원이 되기를 간절히 바라는 작가였다.

아라공은 군림하고 있었다. 그의 세력권에는 당에서 중책을 맡고 있는 다른 공산주의자들도 있었다. 그 중의 한 사람이 비탈 가이만이었는데, 공산당 중앙위원회 위원이었고, 스페인에 있는 국제용병단의 모집책이었고, 라디오 방송의 뉴스 편집국장에 지명되었다가 사장에 임명된 인물이었다. 언론이나 공산당 혹은 대학에서 자기 이름을 알리려는 젊은이들은 해방 직후의 이 공산당계 신문들에서 훈련을 쌓았다. 가령, 스물다섯 살의 르네 앙드리외는 「스 수아르」에서 외국정치 담당 기자로 앙드레 뷔름세르와 함께 일했다. 재능꾼들로 알려진 피에르 에르베와 피에르 쿠르타드 그리고 장-투생 데상티는 공산당의 전략 주간지 「행동」에서 일했고, 앙드레 카렐은 「국민전선」의 편집국장이었고, 청년 철학교수인 장 카나파는 작가들의 "실수할 권리"를 감히 말한 장 폴랑을 거친 언어로 대담하게 공격함으로써 이름을 알리고 특이함을 과시하려 했다.

이들을 본따서, 전도가 유망하긴 하지만 정치적으로 색채가 그리 뚜렷하지 않은 다른 젊은이들은 국영 라디오를 도약대로 삼기도 했다. 폴 기마르는 국영 라디오에서 프레데릭 포트셰르와 함께 데뷔했는데, 특히 포트셰르는 페르낭 드 브리농 재판을 취재한 두 번째 기사를 쓰자마자 곧바로 법원담당 기자가 되었다. 클로드 부르데는 이 방송의 총기획실에서 잠시 일하기도 했다.

숙청당한 자들의 기억에 영원히 남아 있을 기자 이름 하나만 들자면, 그것은 단연코 마들렌느 자콥이라는 이름일 것이다. 이 당시 자기 이름을 걸고 그토록 증오와 원한을 쏟아부은 기자는 없었다. 한 마디로, 너그러움은 그의 장기가 아니었다.「해방」과「프랑-티뢰르」의 법원 담당 기자였던 그는 특히 대형 사건들을 전담했다. 덴마크에 피신해 있던 셀린은 그를 "납골당의 뮤즈"라 부르기도 했다. 뤼시앙 콩벨은 그를 두고 "증오에 찬 이, 전인미답의 사형대 공급자……, 마른 장작 한가운데 있는 불씨, 겁먹은 얼굴의 이웃들을 공포에 질리게 하는 인디언"이라 비유하기도 했다. 파리에 특파원으로 파견된 미국 기자 자넷 플래너에게 마를렌느 자콥은 날마다 주문처럼 다음과 같은 말을 반복했다고 한다. "나는 당신 남자 친구의 목을 날려버리겠어." 다름 아닌 드리외 라 로셸을 두고 한 말이었다. 그의 기사들도 이와 같은 언어로 쓰여 있었다. 도무지 흠잡을 데가 없었다. 어쩌다 변호인의 변론에 측은한 심정이 들 때는, 자신의 나약함을 차단하기 위해서 피고가 쓴 기사의 일부를 인용했는데, 대부분의 경우 쏙 들어맞는 구절들이었다. 기자이자 투사이며 고발자였던 그는 만인이 다 아는 적수였다. 이조르니 변호사는 그가 보여준 일종의 기사도 정신을 비난하기도 했다. 이조르니에 따르면, 전 총리 라발 재판 때 갈증을 가라앉히려고 피고가 물을 요구하자, 동정심이 발로해서 물을 가져오도록 한 자가 바로 저 "하이애나"였다. 그리고 페탱의 변호인이 변론을 하기 전날, 힘을 내게 하기 위해 강장제를 줘서 견뎌내도록 한 자도 바로 그였다. 마들렌느 자콥은 그런 여자였다. 푸아시 감옥과 프렌 감옥을 공포에 몰아닝는 자로서 "자기 편에겐 한없는 애정을, 반대편에겐 한없는 증오를 가진 호랑이"였다. "종신강제노역형도 그에겐 죄를 짓는 너그러움으로 여겨졌다."

숙청 시기의 논쟁이 얼마나 치열했는지를 가늠하기 위해서는, 마들렌느 자콥의 기사들과 당대의 두 거물 기자였던 카뮈와 모리악의 기사들을 비교해 볼 수 있다.「투쟁」의 편집국장이던 카뮈는 가차없는 처벌 요구, 회의(懷疑), 브라지약 구명운동 서명 참여, 자아비판 등 1944년에서 1945년까지 여러 단계의 변화를 거친다.「르 피가로」의 논설위원인 모리악의 경우는 훨씬 더 복잡하다. 프랑수아 모리악에게는 숙청과 숙청을 둘러싼 논쟁이 레지스탕스 출신의 젊은 작가들과의 경쟁 수단이기도 했다.「르 피가로」의 발행인이던 피에르 브리송의 기억에 따르면, 해방 직후「투쟁」의 1면에 실린 카뮈의 사설을 읽고서 모리악은 신문을 쥐고 흔들면서 "내가 상대해야 할 적수가 생겼구만!" 하고 외쳤다고 한다. 작가 모리악에게는 이런 식의 지적인 공방이 필요했다. 그는 손아귀에 좋은 카드는 다 가지고 있었다. 가톨릭계의 정신적 지주이고, '국민전선'의 지도위원이고, 새로운 권부의 선구자이고, 드골 지지 행사를 주관하는 대가였다.「르 피가로」의 여론면만 더 있으면 되었다.

1944년 말까지 모리악은「르 피가로」의 사설에서 관용의 원칙을 부르짖으면서, 구체적으로는 앙리 베로와 같은 경우에 심혈을 기울이기도 했다. 모리악의 주장은 다음과 같았다. 모든 피의자는 혐의가 확인되지 않는 한 무죄로 추정된다는 것, 외국이 인정한 비시 정부의 합법성은 모든 부역자들에게 정상참작 요건이 된다는 것, 애초부터 피고에게 적대적인 프랑스 국민들 중에서 배심원들이 선택된 것은 옳지 못하다는 것, 국민대화합으로 나아가야 하는 데에 모든 노력을 기울여야 할 시점에 가혹한 처벌은 나라를 둘로 양분할 뿐이라는 것 등이었다.

모리악은 대중에게 자신의 신념을 전하는 데에 아주 좋은 위치에 있었지만, 만만치 않은 투쟁이었다. 왜냐하면 전쟁 말기에 뒤늦게 레지스탕스에 합류했던 반독민병대원들 가운데 '눈에는 눈, 귀에는 귀'를 부르짖는 이들이 특히 많았기 때문이었다. 이들은 자신의 과오를 무마하기 위해서 진짜 죄인들에게 더 큰 대가를 치르도록 요구하는 기회주의자들이었다. 도둑이 "도둑이야!"라고 외치는 전형적인 수법이었다.

프랑수아 모리악은 좌파는 물론 우파 내에서도 자신을 방어해야 했다. 폴랑보다도 훨씬 더한 경우였다. 괘씸한 의도를 가진 일부 사람들이 그의 책 『바리새 여인』(1941년)의 헌사 복사본을 언론사 편집부 내에 돌리기까지 했다. 독일선전부 검열관에게 보낸 이 책의 증정 페이지에는 다음과 같은 헌사가 쓰여 있었다. "『바리새 여인』의 운명에 관심을 표명했던 헬러 중위에게 감사한 마음을 전하며. 프랑수아 모리악." 어떤 신문에서는 1940년 7월 「르 피가로」에 게재됐던 그의 사설들을 다시 싣기도 했는데, 거기에는 페탱이 홀

륭한 역할을 하고 있다는 내용이 들어 있었다. 풍자 주간지 「르 카나르 앙셰네」는 "법정의 성(聖) 프랑수아"라는 별명을 붙여주었는데, 이 별명은 모리악에게 영원히 붙어 다니게 될 것이었다. 좌파에서는 모리악이 너무 나선다고 판단했고, 우파에서는 충분치 않다고 판단했다. 앙투안 블롱댕은 모리악이 항상 두 범주의 죽음(반독민병대와 친독의용대)을 구분한다고, 피숙청자들 중에서는 휴전협정 파괴자들을 비판한다고 비난했다. "이 하얀 손의 논설위원에게 그의 주장대로 독자들이 있다면, 그는 자기 양심을 더럽히고 있는 것이다. 사람들은 그를 얌전한 아버지로 착각했지만, 그는 어쩌면 므슈 베르두[21]일지도 모른다."

모리악은 불편한 상황에 처해 있었다. 그럼에도 불구하고 그의 명성은 다시 뜨고 있었는데, 이것은 이 시기의 중의성을 잘 드러내 주는 지표이기도 하다. 모든 사람들의 입장이 선명한 것은 아니었다. 개인적 관계와 우정 그리고 의리가 지나치게 작용했고, 서로 돕고 도움 받는 처지가 너무 많아서, 전혀 다른 정치적 노선들이 얽혀 있었다. 따라서 이러한 관계로 인해 동일한 정치적 지침에 따를 수 없는 상황이었다. 한편, 문제의 소지가 될 수 있는 접촉을 했던 사

---

21) 찰리 채플린의 대표적인 영화 「므슈 베르두」의 주인공을 일컬음. 전직 은행원인 베르두는 부유한 과부들과 결혼한 뒤 재산을 빼먹고는 그녀들을 살해한다.

람들에게 의혹을 보내기도 했는데, 자칫하면 그런 접촉 때문에 물의를 일으킬 수도 있었다. 이를테면, 공산당 기자인 클로드 루아가 그런 경우인데, 그는 전쟁 이전에는 「즈 쉬 파르투」의 편집에 참여하면서 여러 멤버들과 가까운 친구관계였음에도 불구하고 브라지약 구명운동에 서명을 거부했다. 이와 반대로, 양차 세계대전 사이 법원 출입기자로 유명했던 유태인 제오 롱동은 모라스 지지자이자 '프랑스행동[22]' 회원이기도 했는데, 언론계숙청위원회에서 자기 동료들을 적극적으로 변호했고, 이를 지켜보던 알베르 바이예는 의심의 눈초리를 던졌다고 한다. 비록 그가 쓴 숙청 관련 재판 기사들이 전부 같은 발상에서 쓰여진 건 아니었지만, 자신의 정치적 성향을 슬며시 드러내며 정당화하는 경우도 종종 있었다. 조르주 쉬아레즈의 법정 공방을 취재한 기사에서 무심코 변명을 늘어놓으면서 자신은 "사람 머리를 자르는 데 아무런 끌림도 없다"라고 고백하기도 했다. 그런데 그가 잊고 있는 것이 있었다. 즉, 이전에 그의 기사가 실렸던 신문들의 영향력으로 인해, 독일이 프랑스를 점령하기도 전에, 레옹 블룸은 등 뒤에서 사살됐고, 장 자이는 가로등 아래서 납치 살해됐으며, 루이 조르주 만델은 폴란드로 보내졌던 일이 있었다는 사실을 말이다.

■■■■■

22) 드레퓌스 사건 이후 샤를 모라스의 주도하에 탄생한 최대 규모의 우파 단체.

마들렌느 자콥에서 클로드 루아를 거쳐 제오 롱동에 이르기까지, 자기부정에서 담합에 이르기까지, 참여 지성인의 책임과 관련된 모든 뉘앙스를 엿볼 수 있다. 조셉 케셀은 아마도 일종의 자기분열을 가장 잘 상징하는 사람이었다. 런던에서 돌아와서 친구인 조르주 쉬아레즈가 체포됐다는 소식을 듣자, 그는 주저하지 않고 친구를 구하기 위해 자신의 이름과 영향력을 행사했지만, 결국 헛수고였다. 하지만 사형을 선고받은 조르주 쉬아레즈는 친구인 케셀에게 처형되기 직전 감사의 편지를 보냈다.

조셉 케셀과 같은 처신은 당시 상황에 비춰볼 때 놀라운 일이었다. 당시의 수사검사들의 판단에 따르면, 대부분의 피의자들의 말을 믿는다고 할 때, 부역언론에는 프랑스 정보국 요원들로 가득했고, 게슈타포나 프랑스 공안경찰은 이미 그런 사실을 알고 있었다는 것이었다. 변절하는 경우도 허다했다. 어떤 이들은 성공했고, 그렇지 못한 이들도 있었다. 성공하기 위해서는 많은 요령이 필요했고, 기회주의적 감각이 예민해야 했고, 능란한 사교술을 갖춰야만 했다. 그 대표적인 경우가 프랑수아-샤를 바우어이다.

스물다섯 살의 이 스트라스부르그 청년은 점령하에서 정기적으로 「즈 쉬 파르투」(1944년에 작품 비평), '국가혁명'이 주도하는 비시 정권 잡지인 「이념들」, 그리고 친독의용대의 주간지였던 「전투」에 글을 썼었다. 야망에 찬 젊은 기자였던 그는 언론계에 투신할 수 있는 이런 좋은 기회를 놓칠 수가 없었다. 이 점에 있어서는 놀랄 일이 전혀 없었다. 그와 반대로 놀라운 것은 해방 직후부터 그가 익명으로 「십자로」와 「르 파리지앵 리베레」 같은 신문에 기사를 쓰고 있었다는 것이다. 그의 주장에 따르면, 자기는 레지스탕스가 선별해서 파시스트 언론에 투입했던 정보요원이라는 것이었다. 심지어 그는 40년이 지난 어느 날 공개석상에서 "바우어는 양쪽에 달라붙어 지냈다"라고 그를 비난한 사람을 명예훼손으로 고소해서 승소하기도 했다. 숙청이 한창이던 당시, 바우어의 경우는 부역기자들뿐만 아니라 저항기자들에게도 생각할 거리를 주었다. 장 케발의 책 『1면 5단』은 그의 이력을 「즈 쉬 파르투」의 기자 연감에 싣고 있으며, 아주 명철하게 그의 문체의 모든 약점을 잘 지적하고 있다. "너무나 꿰어 맞춘 문장들, 들뜬 수사학에서 비롯된 논리 비약, 문학의 도움을 빈 난도질……." 특히 장 케발이 놀란 것은 "레지스탕스의 고위 책임자가 발부한 일종의 증명서를 방패삼아 내세우면서" 바우어가 너무나도 신속하게 「십자로」의 영화 담당 기자로 거듭날 수 있었다는 사실이었다. 1944년 말부터 「프랑스 문예」는 '젊지만 훌륭한 경력의 소유자'라는 제목으로 바우어에 관한 기사를 실었다. 물론 바우어는 전작협의 사람들로부터 찬사를 받을 수 없는 인물이었다. 위 기사를 작성한 익명의 기자는 「즈 쉬 파르투」에서의 바우어의 화려한 경력과 해방 후의 새로운 언론에서의 영민한 개종을 상기시킨 뒤 다음과 같이 쓰고 있다. "그는 기사에 자기 이름을 서명하지 않는 최소한의 양심을 지키고 있다. 사실 프랑수아-

샤를 바우어라는 이름만으로도 일부 독자들의 치를 떨게 할지도 모르는 일이다. 프랑수아-샤를 바우어는 아마도 우리에게 자신에 관해 '상세한 설명서'를 보내게 될 것이다. 만인이 다 알고 있는 것과 마찬가지로, 우리도 바우어가 레지스탕스에 지대한 공헌을 했다는 사실을 입증하는 증명서를 소지하고 있다는 것을 알고 있다. 그런데 이 증명서는 반쪽짜리 증명서에 불과한 듯하다. 왜냐하면 나머지 반쪽은 추리소설에서 곧잘 나오는 런던의 어느 사무실에 있기 때문이다. 그런데 점령 기간 동안 증명서를 가진 적이 없었고 오늘에 와서 그럴 필요조차 느끼지 못하는 우리, 우리는 프랑수아-샤를 바우어의 젊고 화려한 경력에 놀라움을 금할 수가 없다."

프랑수아-샤를 바우어는 숨어서 활동했던 저항투사일까? 공공기관에 침투한 세포조직을 지하에서 담당했던 클로드 부르데에 의하면, 부역단체 내부로의 "침투"라는 개념 자체가 매우 모호한 것이라고 했다. 하지만 해방 직후에는 이 개념이 아주 유용했다. 물론 진짜 저항투사들은 진정으로 레지스탕스와 접촉하려는 프랑스인에게는 그다지 위험하지 않은 수많은 방법들이 있다는 것을 알고 있었고, 레지스탕스에는 극좌파에서 극우파까지 모든 정파가 참여하고 있었다는 사실을 알고 있었다. 오로지 현재는 물론 미래를 보장받기 위해서, 혼자서 저항하려고 하던 자들만이 홀로 떨어져 있었다.

하지만 한 걸음 물러서서 되돌아보면, 당시의 상황을 배제한 채 지성인들의 여러 다른 태도를 동일한 기준 위에서 판단하는 것은 삼가야 할 것이다. 이를테면, 오늘날에 와서는 레지스탕스에 가담했다는 공로로 훈장까지 받은 프랑수아-샤를 바우어의 태도와 점령 기간 동안 정치적 성향이 진보 쪽으로 발전했던 일부 기자들의 태도를 혼동해서는 안 될 것이다. 가령 대표적인 경우가 길랭 드 베누빌인데, 그는 1940~1941년에 페탱을 지지하는 주간지 「경고」의 편집국장이었다가, 1942~1943년에는 레지스탕스의 주도자들 중의 한 사람이 되었고, 이탈리아의 전장에서 혁혁한 전공을 세운 뒤 해방군의 일원이자 열렬한 드골 지지자로 변신했다. 또 다른 정치 역정에서 보자면, 클로드 루아의 경우도 마찬가지이다. 그는 전쟁 발발 이전에 「즈 쉬 파르투」의 멤버로 출발해서, 그 후 페탱을 지지하는 잡지들인 「경고」, 「동행자」, 「프랑스의 동행자」 혹은 「젊은 프랑스」 등에 참여했다가, 1943년에 공산당에 합류해서 전국작가협의회의 회원이 되었다.

1945년 당시, 기자이건 작가이건, 한 지성인의 운명은 대개 반쪽짜리 증명서에 달려 있었다. 모든 사람들이 장 프루보스트처럼 무사통과증을 돈 주고 살 만큼 부자는 아니었다. 바로 이런 이유로 인해서 숙청과 관련된 사람들의 불평등 문제가 제기되었고, 지성인의 책임이라는 개념이 그다지 중요하게 작용하지 않았다. 작가들이 돈밖에 모르는 상인들보다 훨씬 더 법의 제재를 받는 것 같다고 판단한 엠마뉘엘 무니에는 1945년 3월 3일자 「십자로」에 다음과 같은 글을 썼다. "왜냐하면, 아무리 영악하다 한들, 작가들에겐 많은 돈이 없기 때문이다. 그러니 테미스 신[23]께서 경중을 헤아려 주시길."

이런 기원도 아무런 소용이 없었다. 전후의 현실은 회의주의자들에게 절망을 안겨주었다. 이에 대한 변명들은 풍부했다. 가령 폴 클로델을 보자. 그는 시인이자 외교관으로 그놈-에-론사(社)의 이사이기도 했다. 항공산업 분야에서 대부분의 비행기 모터를 공급하던 이 회사는 유태인 사장인 폴-루이 베일러와 결별하지 않을 수 없었고, 베일러 사장은 망명했다. 그놈-에-론사는 베를리에사(社)가 트럭을 공급하는 양만큼이나 독일군에 모터를 공급했었다. 그런데 1949년에 그놈-에-론사는 무죄를 선고받은 반면에, 마리위스 베를리에와 그의 두 아들은 징역형을 선고받았다. 폴 클로델은 전쟁 기간 내내 중죄를 범한 이 회사의 주식배당금을 받았음에도 면소 판결을 받았고, 그놈-에-론사의 변호인측 증인으로 나섰을 뿐만 아니라, 론 지방법원에서 열린 모라스 재판에는 검찰측 증인으로 나서기도 했다. 클로델의 연극활동이나 그의 시 〈페탱 원수에게 바치는 시〉에 관련된 비난은 아주 미미했다.

------

23) 법과 정의의 신.

좌파 언론에서는 물론이고 우파 언론에서도, 지성인에 대한 엄격한 처벌은 경제적인 부역자들에 대한 배려와 오랫동안 비교되었다. 이러한 비교는 당시의 수많은 옵저버들이 보기에 너무나도 명백한 불의(不義)를 규탄하는 것이었고, 모든 이들의 기억 속에 하나의 거대한 이미지, 즉 대서양 장벽이라는 이미지로 상징된 채 남게 되었다. 1941년부터 1944년까지 카프 노르에서부터 가스콘느 만에 이르기까지 독일이 건설한 요새를 통틀어 바로 대서양 장벽이라 불렀다. 독일 군대는 연합군의 상륙 작전에 대비해서 반격을 가할 수 있는 항구들을 보호하고 요새화하려 했다. 그래서 연안을 따라 벙커들을 지었고, 해변에는 지뢰를 묻었고, 행글라이더의 착륙을 막기 위해 4미터의 위장 기둥들을 세웠다. 이 장벽의 건설을 지휘한 비밀조직 토트는 매우 효과적으로 작업을 했다. 하지만 요새들은 이곳저곳에 아무렇게나 퍼져 있었고, 1944년 6월 이후 영원히 미완성으로 남게 되었다.

이 유명한 대서양 장벽은 1944~1945년에 쓰여진 글들의 여기저기에서 불쑥 튀어나올 만큼 당시 중요한 사건의 하나로 여겨졌다. 가령, 출판계 숙청 주도자인 뒤랑-오지아는 검찰에 다음과 같은 글을 보냈다. "책을 출판하는 것은 적에게 가죽이나 시멘트를 파는 단순한 장사보다 그 직접적인 결과와 후세에 나타날 결과를 고려할 때 훨씬 더 심각한 반역에 해당한다." 이것은 뒤랑-오지아가 출판업자로서 그리고 무엇보다도 사업주로서의 의견을 개진하고 있는 것이다. 반면에 지성인들이 대서양 장벽을 언급할 때는 전혀 다른 관점에서 언급되었다.

• **시몬 드 보부아르** : "사람들은 대서양 장벽을 건설한 자들보다도 대서양 장벽에 대해 긍정적으로 말했던 자들에게 훨씬 더 무거운 형을 내렸다고 비난한다. 나는 경제적인 부역자들을 용서하는 게 너무나도 부당하다고 생각하지만, 히틀러의 선전자들을 엄벌한 것은 부당하다고 생각지 않는다. 직업상, 기질상, 나는 말이 엄청나게 중요하다고 여긴다.…… 독가스실만큼이나 살인적인 말들이 있다."

• **장 폴랑** : "숙청 때문에 작가들은 힘든 나날을 보내고 있다. 대서양 장벽을 건설했던 기술자와 사업자들은 우리들 틈에서 너무나 한가로이 거닐고 있다. 그들은 또 다른 장벽들을 건축하려고 애쓰고 있다. 그들은 새로운 감옥들의 담장을 세우고 있다. 그들이 세운 이 감옥에 대서양 장벽이 잘 세워졌다고 기사를 잘못 썼던 기자들이 투옥되고 있다."

• **장 갈티에-부아시에르** : "기자들은 한 줄에 1프랑을 받고서 대서양 장벽을 찬양한 죄로 감옥에 있다. 반면에 이 장벽을 건설하면서 수백만 프랑을 번 사업주들은 대로에서 활보하고 있다. 브레포르가 결론짓기를, 대성양 장벽을 언급하는 것보다 건설하는 게 백 번 나았다는 것이다."

• **셀린** : "아! 내가 1억 5천만 개의 대서양 장벽을 만들 수만 있

었다면! 그런데 나는 내게 남은 잔돈과 생계수단마저 잃어버렸을 뿐이었다. 그러니 그런 바보는 죽어도 마땅하다. 내게 선고된 사형은 하이애나 같은 자들에게 준 설탕 한 조각과 같다. 이 설탕 한 조각은 한나절 동안 그들의 기분을 풀어줄 것이다. 그런데 한나절이란 시간은 10명의 대서양 장벽 건축업자들에게 무죄를 선고할 수 있는 시간이다."

지성인에 대한 숙청의 지나침을 규탄하던 지성인들에게는 대서양 장벽이 절대적인 비교대상이었다. 그만큼 대서양 장벽은 상징적이었고, 군사전략상 매우 중요했다. 아무튼 숙청의 불균형이 너무 컸고, 이에 대한 반발은 당연했다.

1940년 운수대통하게도 공공부문 건설업체인 프랑스국책사업공사(프리츠 토트가 지휘하는 건설공사에 벙커와 비행장을 지어줌)를 설립했던 한 기업가는 2년형밖에 선고받지 않았다. 대서양 장벽 건설에 참여했던 또 다른 두 개의 국책사업 업체들도 비슷하게 너그러운 판결을 받았다. 즉, 이 업체의 사장들은 이사자격금지 처분에 해당하는 개인신분상의 제재조치를 받는 데 그쳤고, 회사는 불법이득분인 378,330,100프랑을 추징당했는데, 이 액수는 1940년에서 1944년까지의 사업실적의 41%에 해당하는 금액이었다. 하지만 실제로는 4,003,900프랑만 추징당했으므로 1%에 불과한 액수였다. 게다가 1945년 11월 선고시에는 형사상의 처벌도 없었다. 3년 뒤 이 두 업체의 재판이 종결되었을 때, 당시 파리법원 경제 담당 부장검사이던 랭동은 자신의 자리를 교체해 달라고 요구함으로써 파란을 일으키기도 했다. 이 두 업체보다 독일군을 위해 기여한 게 적은 다른 업체들을 법정에 세울 수 있는 양심이 없다는 이유에서였다.

대개 공공 사업에 참여했던 회사들은 숙청당하지 않았다. 프랑스가 점령된 상황에서 수요에 대응하기 위해 급조된 회사들은 관련 분야 전체를 대신해서 대가를 치르는 셈이었다.

지성인에 대한 숙청과 경제인에 대한 숙청 사이의 비교가 의미를 지니기 위해서는 우선 각각의 필연적 요인들을 고려해야만 한다. 이에 관해서는 피에르-앙리 테트겐이 한 변론에서 열정적으로 설명했던 것을 귀담아 들을 필요가 있다. 그는 변호사의 아들로 공법을 전공한 대학교수였고, 1944년 9월에는 정보부장관, 1945~1946년에는 프랑수아 드 망통을 이어 법무부장관을 역임했다. 기독민주당원인 그는 말을 매우 신중하게 하고 세심한 논리를 전개하는 습관을 가지고 있었다.

마리니 극장에서 법원에 관련된 강연을 하면서, 그는 무엇보다도 기술적인 문제를 우선시했다. 정치적인 부역 사건들이 다른 분야 부역 사건들보다 먼저 심판을 받게 된 것은 다른 사건들에 비해서 심리하기가 훨씬 더 간단하기 때문이라는 것이었다. 지성인들이 첫 번째 과녁이 된 것은 너무나 뻔한 일이었다. "지성인들의 반역은 그들이 글을 썼고 거기에 서명을 했다는 것이다. 그들의 서류는 불과 몇 시간만에 작성되어 법정에 회부될 수 있었다." 기업체들의 경우 절차가 훨씬 더 복잡할 수밖에 없었고, 장부와 견적서, 거래처와 은행계좌 등을 샅샅이 뒤져야만 했다.

피에르-앙리 테트겐의 판단에 의하면, 널리 알려진 것과는 달리, 경제적인 부역자들 가운데 가장 위험한 자는 은행가와 기업가가 아니라 병참부에서 일하는 자들이었다. "일반적으로 병참부는 독일군의 지휘를 받는 기업가나 재력가 들로 구성되어 있다. 이들은 독일이 필요로 하는 모든 물품의 리스트들을 접수한다. 이들은 배정된 할당량을 공급해야 한다. 그래서 이들은 수십 명의 중간상과 일반에게 알려져 있지도 않은 소상인들에게 주문을 분산한다. 이들 각자는 한 도(道)를 떠맡고 있다. 그래서 물품 리스트를 가지고 해당 도에 내려가 모든 창고와 심지어 소매상을 뒤져 물건을 산다. 그리고 나서 모든 물품을 파리로 집결시킨다. 이러한 거래는 프랑스 국부의 수백억 프랑 유출에 해당했다. 자, 바로 이자들이 자칭 '시키는 대로만 했다는 하수인들'이고, 이들은 프랑스에 엄청난 피해를 안긴 자들이다. 이들을 별 볼 일 없는 사냥거리라고 생각해서는 안 된다."

경제적인 부역에서 병참부의 역할을 부인하는 것은 아니지만, 그렇다고 해서 기업가와 사업주들의 역할을 간과해서도 안 될 것이다. 하지만 위에 인용한 대로 테트겐의 설명은 아주 의미가 깊다. 해방 직후 재건을 부르짖는 새로운 프랑스가 다시 가동하기 위해서는 경제인들이 필요했으므로, 경제인들은 호의가 아니라 관대한 처분을 받았다는 주장을 잘 담고 있기 때문이다. 재정, 산업, 경제는 불가피한 것이었다. 하지만 이념은……

해방 직후 역적으로 몰렸던 자들은 어떻게 되었는가?
사형을 선고 받은 앙리 베로는 후에 사면 조치로 20년의 강제노역형으로 감형되었다가 10년 징역형으로 다시 감형되었다. 병든 그는 결국 1950년에 석방되었다. 1년 뒤 뤼시앙 콩벨 역시 석방되었다. 콩벨은 15년 강제노역형을 받았었다.

무기형을 받았거나 유기형을 받은 자들 모두가 감옥에서 사망한 것은 아니었다. 예를 들어, 샤를 모라스, 「릴뤼스트라시옹」의 보플랑, 「작품」의 베네데티, 「아침」의 뷔노-바리야, 「라 제르브」의 편집국장 카미으 페기, 「그랑 에코 뒤 노르」의 발행인 샤를 타르디외, 「새시대」의 기 크루제와 기 쥐카렐리, 「가톨릭연합」의 피에르 포, 「즈 쉬 파르투」와 「라디오-파리」의 장 루스토, 「즈 쉬 파르투」의 클로드 모부르게 등등.

사형 선고를 받은 자들 중에, 「프티 파리지앵」의 편집국장이었다가 「라디오 파리」의 취재기자가 된 앙드레 알가롱, 「에코 드 낭시」의 마르탱 드 브리에, 「르 프티 아르데네」의 피에르 브뤼멜, 그리고 「라 제르브」의 들리옹 드 로누아는 처형되지 않았고, 알퐁스 드 샤토브리앙과 아벨 보나르는 망명했다.

1946년에는 장 뤼셰르 재판과 「즈 쉬 파르투」에 대한 재판이 열렸는데, 어떤 의미에서 보면 지성인 숙청의 힘겨운 시즌을 마감하는 두 개의 대형 재판이었다.

한때는 민중전선 정부[24]를 열렬히 지지했던 마흔다섯 살의 뤼셰르는 뮌헨조약 이후 생각을 바꾸었다. 전쟁 이전부터 오토 아베츠와 아주 친밀한 관계를 맺고 있던 그는 라발의 요청에 따라 점령 초기에 아베츠와 더욱 자주 만나게 되었다. 라발은 그를 중개자로 이용해 먹으려는 속셈을 가지고 있었다. 그런데 뤼셰르는 무엇보다도 직업이 기자였다. 양차 세계대전 사이, 특히 그는 급진파에 속하는 일간지와 주간지에 글을 썼다. 1940년 가을 잠시 동안 「아침」의 편집국장을 맡았던 그는 마르셀 부삭을 포함한 일군의 기업가들의 재정적인 지원 덕분에 그해 11월 새로운 석간지 「새시대」를 창간했다. 「새시대」가 전적으로 시대 조류에 편승해 있었다는 사실은 굳이 언급할 필요가 없다. 해방이 되자 지그마링겐에 피신했던 뤼셰르는 유령 정부에 의해 정보위원으로 임명되었고, 그는 다시 일간지 「라 프랑스」를 창간했다. 독일이 항복한 뒤 그는 이탈리아로 도주하던 중 체포되었다. 1946년 파리법원에서 열린 재판에서 랭동 검사에 맞서서 그는 모든 수를 다 동원했다. 즉, 감옥에서 가톨릭으

■■■■■

24) 1936년 선거에서 좌파 연합 세력이 승리함으로써 탄생한 좌파 정부.

로 개종했으며, 나름대로 저항했고 이중행위(아무도 모르게 *BBC* 방송을 듣는 등)를 했으며, 그의 스승인 아리스티드 브리앙이 그에게 가르친 대로 불-독 화해에 대한 좌파인으로서의 의리 등을 거론했다. 하지만 「새시대」에서 4년간 그리고 「라 프랑스」에서 몇 달간 일한 것만으로도 충분히 중죄를 저지른 것이었고, 더구나 그는 돈을 많이 벌었던 만큼 더욱 독일군이 지불한 보수와 비자금도 문제가 되었다. 최종선고는 사형일 수밖에 없었다. 그는 1946년 2월 처형되었다.

1946년 2월부터 1949년까지, 제헌의회가 의결한 1945년 12월 27일자 법령에 의거해서 루이 노게르가 최고재판소장을 맡게 되었다. 그래서 숙청은 좀더 '인간적'이 되고, 훨씬 더 법에 충실하게 이루어졌다. 그해 열린 또 하나의 큰 재판이 이를 입증해 준다.

「즈 쉬 파르투」의 거물들은 유럽 전역에 흩어져 있었고, 심지어 라틴 아메리카로 피신한 이도 있었다. 수사검사는 20개의 체포영장을 발부했다. 하지만 11월 18일 피고석에는 불과 3명밖에 나오지 않았다. 클로드 장테, 피에르-앙투안 쿠스토, 뤼시앙 르바테였다. 그 나머지는 도주해 버렸다. 적과의 내통죄가 인정되었다. 오로지 클로드 장테만이 정상참작을 인정받아 사형을 모면했다. 그 대신 그는 강제노역형에 처해졌다. 신문사로 말하자면, 재산이 몰수되어 전국언론업협회에 귀속되었다. 리볼리 가에 있던 신문사 건물은 급진민중운동의 기독민주파가 점거했다. 사형선고를 받은 피에르-앙투안 쿠스토와 뤼시앙 르바테는 친구들의 노력과 압력에 힘입어 사면을 받아 종신강제노역형으로 감형되었다가, 후에 이 형마저도 사면을 받았다. 클레르보 감옥에서 몇 년을 보낸 뒤 석방된 르바테는 1952년 갈리마르 출판사에서 소설 『두 깃발』을 발표했고, 본명이나 프랑수아 비뇌이라는 가명으로 우파지와 극우파지에 정기적으로 글을 쓰기도 했다. 쿠스토 역시 「리바롤」과 「젊은 나라」와 같은 우파 신문에 기사를 썼다.

만일 「즈 쉬 파르투」가 1944년 겨울에 재판을 받았더라면, 훨씬 더 가혹한 운명을 맞이했을 것은 틀림없다. 시간이 흐른 지금의 시점에서 바라보면, 도주한 자들이 가장 톡톡한 대가를 치렀다고 생각할 수 있다. 파리에 남아서 경찰서에 출두한 자들은, 그들의 동기와 속셈이 무엇이었든지 간에, 이 결정적인 몇 달을 잃어버린 게 아니었다. 왜냐하면 바로 이 몇 달 동안에, 대중들의 노여움이 가라앉았고, 신문의 1면에서 재판 기사들이 사라졌고, 증오와 복수심이 진정되었고, 카뮈는 입장을 누그러뜨렸고, 폴랑은 자신의 목소리를 낼 수 있었고, 모리악의 주장은 마침내 먹혀들었기 때문이었다.

「즈 쉬 파르투」의 다른 기자들을 보면, 장 아제마는 라틴 아메리카에 피신했고, 조르주 블롱은 숨어다녔으며, 카미으 페기는 종신강제노역형을 선고받았으나 1956년에 가서는 극우파인 푸자드 추종 세력의 고문을 맡았다. 스페인에 피신했던 알랭 로브로는 앙리 레브르와 함께 파리법원의 궐석 재판에서 사형을 선고 받았다.

「즈 쉬 파르투」의 발행인이었던 샤를 레스카는 1948년 아르헨티나에서 사망했고, 1944년 11월 종신강제노역형을 선고받았던 클로드 모부르게는 1950년경 석방되었다. 「즈 쉬 파르투」의 사장이던 앙리 풀랭은 스위스에 머물러 있었기 때문에 1947년 결석 재판에서 종신강제노역형을 선고받았으나 나중에 사면되었다. 삽화가인 랄프 수포는 1947년에 15년간의 강제노역형을 선고받았으나 3년 뒤 석방되어 「리바롤」에 참여했다. 라틴 아메리카에 피신했던 상무이사 피에르 빌레트는 1947년 파리법원의 결석 재판에서 사형을 선고받았다.

이 리스트는 완벽하지는 않지만 적어도 '본보기'에 해당하는 것으로는 충분하다. 「즈 쉬 파르투」 재판에서 이끌어낼 교훈이 있다면, 그것은 시간과 거리가 모든 것을 조정했다는 것이다. 시간과 공간을 적절하게 사용하고 알맞게 받아들여야 한다는 것이다. 이러한 놀이에서 이상주의자들은 언제나 패자이게 마련이다.

그러면 「즈 쉬 파르투」 이외의 다른 기자들과 작가들은 어떻게 되었을까? 그들의 다양한 운명 역시 의미가 있다. 자크 샤르돈은 6주간의 구금과 가택연금 조치 후에 1946년 5월 면소 처분을 받았다. 폴 모랑은 아내와 함께 스위스에 있는 별장에 은거하다 1947년 베베이에 정착했다. 그는 이곳에서 30년 동안 기거하면서 잦은 외국 여행을 했는데, 그 중의 하나가 바로 프랑스였다. 1950년에 파이야르 출판사에서 『세빌리아의 고행자』를 출판하기 전까지 그는 베베이에서 책을 출간했다. 시련기라고 말하지는 못할 것이다. 그렇게 말한다면, 그것은 감옥에 갇힌 이들에게는 모욕일 것이기 때문이다. 몽테를랑은 비록 그의 명성에 흠이 가긴 했지만 예전처럼 활동을 재개했다.

이처럼 유명 기자나 작가들이 어떤 형벌을 받았는지 뻔히 다 알고 있었기 때문에, 몇몇 수형자들의 반발을 일으키기도 했다. 문단이라는 좁은 세계에서 그들이 전쟁 기간에 무엇을 했으며, 어떻게 벗어났는지는 훤히 알려져 있었다. 그렇기 때문에 원망과 분노를 사기도 했다. 가령, 피에르 브누아는 다음과 같이 투덜댔다. "요컨대, 부역에 관한 한 몽테를랑은 나보다 훨씬 더 연루되어 있다. 이건 부당하다. 몽테를랑이 최소한 한 달만이라도 징역을 살았더라도, 내 마음이 훨씬 더 가벼워질 것이다."

이 점에서는 단연코 돋보이는 이가 셀린이다. 불행하게도 그릇된 편에 '가담' 했다는 사실을 의식하고 있던 셀린은 자기에게 "마녀 사냥, 거꾸로 된 드레퓌스 소송"을 하려 한다고 주장했다. 또한 일군의 미쳐 날뛰는 "법관, 경찰, 적군, 질투하는 자들"과 "한 무리의 광신자와 가학자들"이 자기를 학대하고 있다고 주장하기도 했다. 그의 생각으로는, 이러한 처사는 그를 비난할 거리가 아무 것도 없는 만큼 더욱 편파적인 것이었다. 부역 언론에 기사를 쓰지도 않았고, 그가 쓴 편지들은 조작된 것이었고, 불-독 친선서클에 나간 적도 없었으며, 고작해야 두 권의 소책자를 냈을 뿐이라고 강변했다. 만일 그가 프랑스에 남아 있었더라면 틀림없이 로베르 드노엘처럼 살해당했을 것이고, "아마도 생존권의 수호자임을 자처하는 베르나르 르카쉬('인종차별주의와 반유태주의에 반대하는 국제 연맹'의 창설자)의 하수인들에 의해" 살해되었을 것이라고 확신했다.

셀린은 자유를 만끽하고 있는 자기 동료들이 있음을 알고는 더욱 분노했다. 그는 형법 75조가 사샤 기트리 같은 자, 혹은 "파리의 독일문화원의 모든 사람들을 여러 달에 걸쳐 자기 집에 초대했던" 라 바랑드 같은 족속, 혹은 앙드레 살몽이나 〈페탱 원수에게 바치는 시〉를 지은 폴 클로델 같은 자, 그리고 폴 포르나 알프레드 파브르-뤼스 같은 작자들에게는 적용이 되지 않는 걸 몹시 유감스럽게 생각했다. 하지만 셀린의 과녁은 단연코 몽테를랑과 폴 모랑이었다. "내가 이곳, 덴마크 왕이 제공한 감옥에서 썩어가고 있는 지금 이 순간, 불-독 잡지에 기사를 쓰면서 나보다 백 배나 더 부역했던 몽테를랑이 지금 이 순간 문단에 화려하게 복귀하는 것은 있을 수 없는 일처럼 보인다.…… 그리고 폴 모랑은 또 어떤가. 기소조차 되지 않았다. 스위스에서 버젓이 활보하고 있다. 페탱 정부에서 두 번이나 대사를 지냈던 매력적인 망나니! 고귀하신 몸들이다. 나와 같은 조무래기에게 엄격하게 적용되는 법이 저들에게는 적용되지 않는다." 셀린은 줄기차게 비난을 퍼부으면서, "면제받은 자들"과 "다른 조무래기 부역자들"도 가만두지 않았다. 아마 저들에게는 힘 있는 친구들이 있었을 테지만, 셀린에겐 "지독하게 센 아가리"가 있었다. 셀린은 1950년 결석 재판에서 1년 징역과 5만 프랑의 벌금에다가 공민권 박탈과 재산의 절반 몰수를 선고받았다. 1944년 12월에 파리법원의 피고석에 셀린이 있었더라면 어느 누가 그의 미래를 보장할 수 있었겠는가? 이처럼 숙청은 분위기와 주변환경에 좌우되고 있었다. 하지만 법의 운용과 기능에 얽힌 문제이기도 했다.

법원의 입장에서 보면, 숙청은 제대로 구분되지 않는 네 개의 가설을 전제로 해야만 했다. 즉 부역과 반역 정치를 동일시하고, 비시 정권을 정권찬탈 체제로 여기고, 휴전협정은 곧 죄악이고, 마지막으로 1940년 7월 10일 페탱에게 전권을 위임한 상하원의 투표를 반역행위로 간주하는 전제가 선행되어야 했다.

바로 여기에 해방 직후의 광풍에 관한 모든 논쟁의 전략적 매듭이 도사리고 있다. 물론 이러한 이의 제기들을 몽땅 한꺼번에 쓸어버릴 수도 있다. 그래서 모리스 메를로-퐁티는 다음과 같이 지적했다. "우리가 주장하는바, 혁명은 기존의 법질서가 아니라 사회가 창조해내고자 하는 그런 사회의 법에 따라 범죄를 정의한다는 것이다." 또한 이런저런 비난과 범법행위들을 집어내어 그 성질과 원인들을 분석해 볼 수도 있다.

먼저, **반역**을 보자. 테트겐 법무부장관의 입장에서 볼 때, 적에게 부역하는 것은 비록 정치적인 이유에서라 할지라도 결코 하나의 과오(이것은 장 폴랑이 그렇게도 주장했던 "실수할 권리"와는 아무런 관계가 없다)가 아니라 정말이지 적과의 내통죄이므로, 형법이 정한 대로 국가안위 침해로 간주되어야 하는 데 의심의 여지가 없다는 것이었다. 이런 의미에서 부역은 곧 반역이었다. 몇몇 법률학자들은 세르뷔스 쥐리스라는 가명으로 『법원장님들께 보내는 공개 편지』라는 책을 출판해서 자신들의 입장을 표명했다. 그들은 숙청 당시 형을 선고받은 자들은 반역할 의도가 없었기 때문에 "반역한" 게 아니라고 주장했다. 많은 숙청 대상자와 변호인들이 이런 논리를 들이대며, 점령 초기에 페탱 원수가 드골을 반역자로 몰아세웠을 때 거의 대부분의 프랑스 국민들이 페탱 원수를 지지했었다는 사실을 상기시켰다. 그렇다면 숙청처럼 특수한 상황의 산물이 아닌 반역의 개념을 설정할 수는 없는 것일까? 형법의 정의는 익히 알려져 있다. 또 다른 정의가 필요할까? 어쨌거나 반역에 대한 정의는 역사적인 설명을 다해 주진 못할 것이다. 왜냐하면 비시 정권도 해방 직후의 프랑스도 법률적인 논리를 끝까지 밀고나가지 않았기 때문이다. 두 체제의 연대기적 동시성으로 인해 1940년 6월의 반역자가 곧 1944년 9월의 반역자가 아니라는 사실은 확인된다. 반역이란 충성서약과의 관계에서만 있을 수 있다. 충성을 서약하지 않은 정권에 대해서는 반역하는 것이 아니라는 것이다.

정당성과 적법성. 반역에 관한 모든 논의는 으레 비시 정부의 성격 자체에 관한 질문으로 귀결된다. 이것이 바로 숙청에 관한 논쟁의 주춧돌이다. 왜냐하면 해방 직후 모든 피고인은 자신의 정당성을 내세우기 위해서, 어쨌든지 간에 당시의 유일한 합법정부의 법과 명령 그리고 결정사항들을 따랐을 뿐이라고 주장했다. 이 유일한 합법정부가 바로 비시 정부였는데, 새로운 헌법을 만들기 위해 상원과 하원이 1875년의 제3공화국 헌법을 폐기하고 국가수반인 페탱 원수에게 전권을 위임했었다. 게다가 외교관들이 정식 임명장을 받은 것은 바로 페탱 원수가 있던 비시에서였다. 단 런던만은 예외였는데, 드골 장군이 외교관을 임명했다.

테트젠 법무장관의 입장에서 볼 때, 법률학자들의 판단은 비시 정부가 실질적이고 합법적인 권위가 없는 꼭두각시 정부였다는 것이다. 아무튼 입법부가 이러한 원칙을 부역 처벌 법안에 명시했다는 것이다. 따라서 이 문제에 대해서는 더 이상 왈가왈부할 게 없다. 명문상의 법률을 넘어서는 자연권의 근본 원칙이라는 게 있다고 판단하는 모럴리스트도 있다는 사실을 상기시키기 위한 목적이 아닌 한에서 말이다. 이 원칙에 따르자면 반역과 불명예를 최선으로 정의해주는 것은 형법이 아니라 바로 양심이다.

어느 누구도 이처럼 애매한 논거에 만족할 수는 없다는 것을 이해할 수 있을 것이다.

위에 인용한 저 유명한 공개 편지를 쓴 저자는 가명 세르뷔스 쥐리스[25]를 통해서, 엄격하게 법률적인 차원에서만 볼 때, 페탱 정부는 1940년 6월 18일부터 1944년 8월까지 유일한 합법정부였고, 이 두 시점 사이에 저지른 행위 때문에 형법 75조를 들어 프랑스 국민에 대해 기소할 수 있는지를 판단할 수 있는 유일한 권리를 가지고 있는 건 바로 페탱 정부이고, 담당재판부들은 판결을 내릴 권리를 가지고 있지 못하며, 1944년 8월 이후 내려진 모든 판결은 무효에 속하고, 형법과 프랑스 국민으로서의 권리가 체계적으로 침해되었다는 사실을 전달하려 하고 있었다.

그렇다면 비시 정권은 적법했고, 런던의 드골 임시정부는 정당했다는 것인가? 이에 대해 혹자는 너무 좁은 관점에서의 판단이라 하고, 혹자는 낱말 전쟁이라고 한다. 아무튼 숙청 기간 내내 이러한 개념들을 놓고 부딪쳐야만 했다. 그리고 아직도 몇몇 개념들을 살펴보아야 한다.

불공정한 심판. 법관들의 직무 수행에 대해 경의를 표하면서 테트겐 법무장관은 전쟁 이전에 1년에 16,000~18,000건의 형사사건이 처리됐던 데 반해서, 해방 직후에는 법관 수의 감소에도 불구하고 16개월 만에 118,000건의 부역 사건들이 처리됐다고 주장했

---

25) Servus Juris는 라틴어 식 표기 이름으로 '법률 자문'이라는 뜻을 담고 있다.

다. 장관은 이와 같은 신속한 업무 수행과 판결의 질에 아주 만족했다. 왜냐하면 "적법절차를 준수하고 변호권을 충분히 존중하는 가운데서 판결이 내려졌기 때문이었다. 물론 몇몇 실수나 일방적인 판결에 대해서는 유감스러운 일이지만, 사면 조치로 인해 결과적으로는 그다지 큰 문제가 되지 않았다. 이처럼 사면권은 법 해석의 일관성을 가장 잘 담보할 수 있도록 해주었다." 당시에는 지방법원이 대법원의 통제를 받고 있지 않았던 만큼 판결을 내리기가 더욱 힘들었다. 따라서 이 문제에 대한 법무장관의 자기만족은 현실과는 동떨어져 있었다. 비록 똑같은 범죄라도 어느 법원에서 재판을 받느냐에 따라 발생하는 법적 불평등 사례가 숙청에만 고유한 현상이 아니라 법 자체의 속성인데도 불구하고, 법무장관을 헐뜯는 자들은 각 도(道)마다 다른 형량이 해방 직후 들쭉날쭉한 법집행을 잘 보여준다고 지적하려 했다.

역사학자 피터 노빅이 각 지역, 각 도시 그리고 각 법원별로 나누어 조사한 치밀한 연구에 따르면, 몽펠리에에서는 피고 중 7%가 무죄 방면된 반면에, 캉 *Caen*에서는 25%에 달했다고 한다. 출석한 피고에게 사형선고가 내려진 경우, 두애 *Douai*에서는 전체 형의 2%에 해당했던 반면에 디종에서는 19%에 달했다. 이러한 수치들은 참고삼아 제시한 평균치에 불과하다. 왜냐하면 이 수치는 범죄 행위의 독특한 다양성을 고려하고 있지 않기 때문이다. 숙청의 진짜 지형도를 작성하기 위해서는 이와 같은 요인들에 다른 요인들,

즉 지역적 특성을 반영하는 요인들을 덧붙일 때에만 가능할 것이다. 이를테면, 점령군에 의해 야기된 인명 손실과 물질적 피해, 해방위원회의 정파, 법조계의 대응방식 등등. 동일 관할구와 동일 법정 그리고 같은 달에, 나치 소속 프랑스외인부대의 모집담당 장군이 징역형밖에 선고받지 않은 반면에 뜨내기 친독의용대원은 사형선고를 받고, 파리의 영향력 있는 일간지의 논설위원이 원론적인 수준의 형을 선고받은 반면에 지방지의 편집국 기자는 사형선고를 받았다는 사실을 고려하면, 형량의 변화를 면밀하게 평가하기가 어렵다는 것을 정확하게 알게 된다. 그리고 부득이한 해결책으로 많이 사용했던 공민권박탈 조치도 골수 부역자에게는 물론 라발의 운전기사였던 부도*Boudot*와 같은 말단 하수인에게도 적용될 수 있었다. 공민권 박탈은 그 결과에서 불명예스러운 것일 뿐이었다. 그 내용은 투표권과 피선거권 박탈, 일자리를 찾는 어려움, 그리고 재산의 일부나 전부 몰수 등이었다.

권리 침해. 피에르-앙리 테트겐은 본인 자신이 프렌 감옥에 갇혔을 때, 그가 머물던 독방의 벽에 한 사형수가 손으로 쓴 "우리의 복수를 해주시오"라는 문구를 보고 충격 받은 적이 있었다는 얘기를 즐겨 하곤 했다. 그 옆에는 이 문구를 부정하는 또 하나의 문구가 적혀 있었는데, 그것은 다름 아닌 "아니, 그들을 심판하라!"였다. 법무장관으로서 테트겐은 "우리는 그들을 법에 따라 심판했고,

이것은 그들을 복수하는 최선의 방법이다"라고 선언했다. 모두가 이와 같은 그의 의견에 동의한 것은 아니었다. 심각하게 법적인 하자가 발견되는 경우도 상당히 많았다. 한편으로는, 법정 구성에 관련된 법령이 애국자(해방 직후 애국자는 레지스탕스 출신 인사들에 의해 좌지우지되던 형편이다) 중에서 배심원을 선발해야 한다는 것을 명시하고 있었기 때문에, 피고는 대부분의 경우 애초부터 적개심을 품고 있는 배심원들 앞에 출두하는 것이었다. 세르뷔스 쥐리스의 지적은 정곡을 찔렀다. "형사법정의 배심원들과 전쟁위원회의 위원들은 강도 피해자나 살인 피해자들만이 수록된 시민명단에서 제비 뽑힌 이들이 아니다."

다른 한편으로는, 더욱 심각한 일인바, 비시 정권의 사법부가 신성한 법률불소급원칙을 존중하지 않았던 것과 마찬가지로, 해방 직후의 사법부가 형법에 어긋나는 동일한 범죄를 저질렀을 수도 있다는 것이었다. 법은 오직 미래를 향해서만 실효성을 인정받는다. 그런데 1944년의 법령들은 1940년과 1944년 사이에 저질러진 사실과 관련해서 국가모독죄와 같은 새로운 범법행위들을 만들어냈다. 이를 지지하는 이들 가운데 일부는 다음과 같은 설명을 할 것이다. 형법이 현재 상황에 적합하지 않고, 휴전협정과 점령 그리고 부역으로 이어지는 프랑스의 상황을 형법이 예견하지 못했으며, 결과적으로 이러한 예외적인 상황들로 인해 소급입법이라는 예외적인 적용이 정당화된다는 것이다. 그런데 비시 정권의 특무대도 '테러리스트'를 체포한 후에 '짜 맞춘' 형을 만들어냄으로써 똑같이 했었던 것이다.

이와 같은 모순에 구애받거나 사소한 일에 얽매이지 않고서 숙청을 변호하는 사람들도 있었다. 가령, 부아시에르 검사가 그런 사람들 중의 하나인데, 그의 판단에는 예외법정이 아니라 '특별법정'이고, 소급입법이나 예외적인 법률이 아니라 포괄적 성격을 띠고 있는 형법 조항들을 엄격하게 적용한 것이었다.

변호사협회는 당연히 변호권 존중의 선봉에 나섰다. 1944년 10월 10일부터 변호사협회는 소송절차가 더디게 진행되는 데 대해 항의했고, 회장이 나서서 공권력에 개입해서 변호 원칙이 실제적으로 온전하게 존중받도록 요구했다. 3개월 뒤 변호사협회는 다시 장기구금 남용에 반대하는 항의를 했고, 회장이 나서서 임시 석방 조치가 더욱 폭넓게 활용될 수 있도록 법무부장관에게 압력을 넣었다.

변호사들은 이에 앞서 이미 자체 정화 작업을 실시한 바 있었다. 다른 직종에서처럼 특별위원회를 통해서가 아니라 협회 자체의 청구에 의해서 이루어졌다. 이 자정 작업은 상대적으로 별 어려움이 없었다. 왜냐하면 기자나 작가들과는 달리 직업 자체가 점령군을 위해 봉사할 수 있는 게 그다지 없었기 때문이었다. 숙청당한 변호사들 가운데 대부분의 경우들은 정치 분야든 다른 분야든 자기 직업과 무관한 활동 때문이었다. 당시 변호사협회 회장이던 샤르팡티에는 해방 직후에 "못된 동료 변호사"를 고발한 건수는 극히 적은 숫자였다고 주장했다. 장-루이 틱시에-비냥쿠르 변호사가 여러 달 동안 구금된 것은 변호사로서의 활동 때문이 아니라 비시 정권의 선전부에서 한 활동 경력 때문이었다. 부아시에르 검사는 변호사협회에 압력을 넣어 그를 제명 조치하도록 시도하기도 했다. 하지만 전체적으로 볼 때, 변호사협회와 변호사들은 1945년 당시 아주 좋은 이미지를 지니고 있었다. 특히 법조인국민전선의 활동 덕분에, 그리고 비시 정권이 테러리스트라고 지명한 자들을 보호함으로써 점령 하에서 변호사들이 분명한 태도를 취했을 뿐만 아니라, 해방 직후 숙청을 위한 법정이 생기자마자 이에 대해 명백한 입장 표명을 한 바 있기 때문이었다.

변호사들은 기회가 주어지자마자 해방 전후에 불분명하게 처신했던 판검사들을 향해 서슴지 않고 공개적인 비판을 가하기도 했다. 사람들의 기억 속에 남아 있는 몇몇 경우를 들어보자. 먼저 이조르니 변호사는 그의 고객인 브라지약의 사형을 면해 보려는 변론에서 재판장인 부샤르동이 점령 하에서도 계속 법관직을 유지했을 뿐만 아니라, 심지어 브라지약이 발행하던 신문에 인터뷰까지 했었다는 사실을 상기시키기도 했다. 모리스 퓌조 재판에서 변호를 맡았던 브뢰이약은 「프랑스행동」에 실린 모라스의 기사들 때문에 자신의 고객을 법으로 심판할 수 없고, 또한 공동으로 책임을 질 수도 없다는 것을 부각시키기 위해서 변론 도중에 다음과 같은 말을 하기도 했다. "2~3년 전에 일부 검사들이 특무대에서든 다른 곳에서든 담당 피고인들에게 기세등등하게 형을 구형하는 것을 보면서, 그 검사들과 다른 검사들 사이에 차이가 없다고 생각하지는 않았다." 해방 직후의 최고재판소에 관한 책을 펴낸 루이 노게르는 제1장의 서두에서 모르네 Mornet 부장검사가 "1941년부터 레지스탕스에 가담했다"라는 사실을 의도적으로 밝힘으로써 독자들에게 강조하기도 했다.

권력분립의 원칙과 전통적인 사법권의 독립을 짓밟았던 거의 대부분의 법관들은 페탱에게 서약을 했다. 이것은 페탱이 당시 국가원수였기 때문이었다. 그런데 디디에 부장판사는 양심에 따라 이 서약을 거부했다. 이런 경우는 아주 드물었기 때문에 당연히 강조되어야 한다. 하지만 반면에 그렇지 않은 법관들은 법정을 주재하면서 재판을 떠맡았다. 리옹 재판은 그 가운데에서도 유명한 일화로 남아 있다. 아무튼 그들이 맡은 재판들은 명예를 존중하는 법관이 보기에는 대개 황당한 재판이거나 심지어 치욕의 현장이나 다름없었다. 소위 특무대 사건이라 일컬어졌던 사건의 경우가 그러한데, 상황논리에 따라 제정된 새로운 소급입법에 근거해서 사형선고가 내려졌던 것이다. 그런 법관들은 또한 당시 비시 정권에 의해 '테러리스트'라고 불리던 저항투사들을 재판하기도 했었다. 그들 모두가 디디에 부장판사처럼 처신했어야만 했을까? '저항' 법관의 태도가 명확해야 했던 것은 물론이다.

아무튼 해방 후에 모두 합쳐 약 3백 여 명의 법관들이 숙청 당했다. 전국법관협의회는 무엇보다도 페탱 원수가 이끌던 비시 정권에 열렬한 충성을 보였던 법관과 법을 적용하는 데에 그쳤던 법관들을 구분했다. 테트겐 법무장관은 용서를 구하면서 법관들을 정당화하기도 했다. 그에 따르면, 직무를 계속 수행함으로써 법관들은 진짜 부역자들에 의해 저항투사들이 재판 받는 사태를 막아주었는데, 그렇지 않았으면 훨씬 더 혹독하고 가혹하면서도 법적으로 문제 있는 판결을 받았을 것이라고 했다. 심지어 테트겐 법무장관은 자신의 관점에서 볼 때, 페탱 원수에게 바친 서약은 강요된 것이었기 때문에 아무런 가치도 없는 것이라고 밝히기도 했다. 한 가지 명시해 두어야 할 것은 해방 직후 법무부는 심각한 법관 부족에 시달리고 있었다는 사실이다. 부역에 관련된 사건들이 넘쳐나고 있던 판인데, 일부는 전장에서 사망하거나 포로로 잡혀 있거나 아니면 강제수용소로 끌려간 상대였다.

 재계 인사, 기업가 그리고 사업자들과 더불어 법관은 재건에 나설 프랑스가 필요로 하던 사람들이었다. 더욱이 1944년 임시정부의 법무장관이던 변호사 마르셀 빌라르 같은 공산주의자들은 사법부와 국민을 접목하려고 압력을 행사한 바도 있었다. 법관을 부르주아 독점 계급과 동일시하는 공산주의자들은 법에 대해 특별한 식견이 없긴 하지만 침략자에 맞서서 애국심을 발휘할 줄 알았던 시민들로 구성된 인민법정을 세워 법관들을 대체하려는 시도를 한 바 있었다. 이러한 위협에 대항하기 위해서 사법부는 물론 드골 장군도 기존의 법관들이 자기 자리를 유지할 수 있도록 모든 조치를 다했다.

Ⅳ
성공한 숙청이란?

∽ ∽ ∽

여전히 제대로 꺼지지 않은 불씨, 사면에 관한 법률, 역사학자들이 일부 '예민한' 문서들에 접근하기 어려운 점 등으로 인해 프랑스의 숙청에 대해 최종적인 판단을 내릴 수는 없다. 하지만 실제로 있었던 사실들, 여러 가지 수치들, 이런저런 이름들, 그리고 몇 가지 심증적 확신들을 제시할 수는 있다. 좀더 세월이 흐른 뒤엔, 숙청에 관한 총체적인 역사를 기술해 볼 만도 할 것이다. 1944년에서 멀어질수록, 해방기의 역사에 대한 분석은 점점 더 엄밀해지는 것 같다. 그 한 예로 숙청 현황을 들 수 있다. 해방 직후 몇 년 간 일부 우파 언론이 주장했던 10만 명의 처형자(사형집행 당한 사람) 수는 역사학자 로베르 아롱의 책에서는 3~4만 명으로 기록되었고, 방첩대와 공안경찰의 집계나 드골 장군의 『전쟁회고록』과 미국 역사학자 피터 노빅의 책에서는 약 1만 명 수준이었다고 한다.

아마도 약 1만 명이라는 수치가 현실에 가장 근접한 것 같다.

물론 이 수치는 정치경제적, 지역적, 직업적, 인구분포적 요인들을 모두 고려한 작업이 이루어지면 더욱 정확해질 것이라 기대한다.

언론계 숙청을 주도했던 사람들은 아마도 두 가지 목적을 노렸던 것 같다. 한편으로는, 언론이 프로파간다의 효과적인 무기이고 프로파간다는 훌륭한 전쟁수단이었기 때문에, 기자라면 누구든지 지녀야 할 '투사' 기질을 확인하려는 것이었다. 다른 한편으로는 도덕적인 이유(반역), 경제적인 이유(언론사 강탈) 그리고 정치적인 이유(지하 저항활동에서 탄생한 세력과 정당의 영향력 강화) 때문에, 1940~1944년의 신문과 기자들을 처벌하려는 것이었다. 작가들에게서도 역시, 단죄와 함께 '경쟁' 혹은 '계승' 현상이 벌어졌다. 새로운 문학 세대의 등장, 폴 발레리나 장 지로두 같은 유명 인사들의 사망, 레지스탕스의 후광을 업은 작가(베르코르)의 등장, 활발한 활동으로 경력을 인정받으려는 몇몇 작가들(카뮈, 사르트르, 아라공, 말로)의 등장, 이념 언론과 출판사의 요직을 동일 인물들이 차지하고 있다는 것 등, 수많은 요인들로 인해서 의식적이든 아니든, 고의적이든 아니든, 숙청을 이용해서 사회 속에서 자신의 입지를 확보하려는 이들이 있었다. 이런 관점에서 보면, 숙청은 목표라기보다는 수단이었다.

숙청 초기에는 피신하지 않고 남아 있던 부역 지성인들이 대가를 치렀다. 부역했던 파리의 유명 기자와 작가들에게 증오가 쏟아

졌고 가혹한 심판이 내려졌다. 그 이유는 그들이 파리를 떠나지 않고 자리에 남아 있었고, 그들이 쓴 기사와 책들로 구성된 기소장이 즉각적으로 작성될 수 있었고, 그들은 사람들에게 잘 알려져 있어서 그들을 처벌하는 것이 사람들의 원한과 복수심을 가라앉히는 데에 충분한 본보기가 되기 때문이었다. 숙청은 상징의 일이기도 했다. 무명의 책임 없는 하수인들은 무엇보다도 혁명적인 열기에서 빚어지는 모순과 즉흥적 처사의 제물이 되어야 했다. 그들은 건드릴 수 없는 거물들을 대신해서 벌을 받은 것이었다. 희생양인가? 물론이고 말고. 형량을 놓고 볼 때, 그들이 희생양이었다는 사실은 더욱 명백했다. 해방 직후에서 멀어질수록 형량은 질적으로 양적으로 줄어들었다.

몇 가지 요인들로 인해 현실이 왜곡되고 부풀려지기도 했다. 파리는 부역 언론의 본부여서 파리의 기자들이 제일 먼저 그리고 제일 많이 심판을 받아야 했다. 게다가 숙청을 대대적으로 보도하던 언론들은 지나치다 싶을 정도로 많은 지면을 숙청 재판에 할애했는데, 특히 브라지약이나 헤롤드-파키 같은 유명 피고인들 때문이었다. 이와 더불어, 한 자리를 차지하기 위해서 혹은 자신의 어정쩡한 과거를 얼버무리기 위해서, 지성인들이 앞다투어 과격한 입장으로 치닫게 되자, 과도한 경우들이 조장되었다.

들뜬 분위기가 지속된 몇 달 동안 취해진 정치적 결정은 물론이고 사법적인 결정에서도 즉흥적인 요소가 개입되었다는 사실을 간과하는 경향이 있다. 점령하의 언론은 지성인들에게 과도한 역할을 부여했었다. 그 어느 때보다도 지성인들에게는 참여할 의무가 있었다. 그 어느 때보다도 참여는 구체화되었고 공식화되었다. 참여는 책을 출판하거나 정당에 가입하는 행위에 의해서라기보다는 신문의 여론면에 게재될 기사 또는 공개 토론 참여 등, 매우 순간적이고 일회적이긴 하지만 그만큼 더욱 세인의 이목을 끄는 행위들에 의해 이루어졌다. 참여는 곧 어떻게 처신하느냐의 문제였다. 시대의 흐름을 가장 잘 반영하던 판결인 공민권 박탈이 구체적인 행위 사실을 처벌한 게 아니라 그릇된 처신을 처벌했던 것과 마찬가지로, 숙청을 둘러싼 이념 논쟁에서 자기 역할을 하고자 했던 지성인은 누구든지 어떻게 처신해야 할 것인지를 우선 결정해야 했다. 이념의 일관성 문제는 부차적인 문제였다.

군 당국의 검열이 해당 서적들을 지명했던 반면에, 전국작가협의회는 사람들을 지명했다. 전작협은 작품이 아니라 작가의 서명과 명성을 심판했다. 미묘한 차이를 놓고 점점 더 어려운 논란이 벌어지고 있었다. 일부 지성인들은 일정 시기 전까지에 한해서 비시 정권에 가담했던 자들을 구제하려 했다. 어떤 이들에게는 이 일정 시기가 1940년 10월, 즉 히틀러와 페탱이 몽투아르에서 만난 때이자 정치적 부역이 공식화된 시점이었다. 다른 이들에게는, 그 시기가 1942년 11월이었다. 즉, 저항독립군이 북아프리카에 상륙하고 자유지역이 점령된 시점이었다. 또 다른 이들에게는 1943년이었다.

이들이 생각하기에는, 부역죄를 범하기 시작한 것이 1943년경부터이기 때문이었다. "그 이전까지만 해도 비시 정부는 프로파간다를 통해 대부분의 프랑스 국민들을 호도해서 국민으로서의 의무가 정부의 명령에 무조건 따르는 것이라고 설득할 수 있었다. 하지만 레지스탕스 군이 북아프리카에 상륙한 이후에는, 연합군이 해방군 임시정부를 공식적으로 인정한 이후에는, 비시 정부가 점점 더 점령군에 순종하기 시작했다. 그러자 마침내 사기였음이 드러났고 책임 소재가 분명해지게 되었다."

모든 것이 가능했다. 모든 것을 감행할 수 있었다. 정치적 신념이 뻔히 알려진 부역의 앞잡이였던 유명 기자들이 고개를 꼿꼿이 쳐들고 가슴을 떳떳이 내민 채 법망을 교묘히 빠져나갔다. 그들의 손에는 갓 만들어진 '공작요원' 신분증이 들려 있었다. 이들 가운데 몇몇은 식도락비평가로 성공리에 변신하기도 했다. 신문에서 그런 기사를 담당하는 자들에게는 기자증이 요구되지 않았기에 충분히 가능한 일이었다. 역설적이게도 위에서도 보았듯이, 최소한 자신의 명예를 건지기 위해서 독일군과 함께 떠나기를 거부했던 지성인들이 대개 훨씬 더 가혹한 처벌을 받았다. 후에 프랑스로 귀국해 이들보다 나중에 심판대에 오른 자들이 더 가벼운 형을 선고받았다. 하지만 지성인의 책임에 관한 논쟁을 접고 휴전협정에 관한 논쟁을 하게 되면, 부역자들은 어느 누구도 용서를 구하지 않았다. 특히나 용서는 구하지 않았다. 용서가 아니라 복권을 요구했다. 그들이 보기에, '사면'은 곧 '망각'의 동의어여서 사면을 구한다는 것은 곧 스스로 죄인임을 인정하는 것을 의미했다.

사면을 위해 투쟁하던 프랑수아 모리악은 끝까지 자기 주장을 밀고 나갈 수 없었다. 사형의 법적 근거로 형법 75조를 들이대는 사람들로 인해 모리악은 중도하차 해야 했다. 그는 숙청이 부당하다고 말하는 것으로 만족해야 했다. 그는 숙청이 합법적이지도 정당하지도 않다고 생각했다. 브라지약의 처남으로 해방 이후 파시스트가 된 모리스 바르데쉬는 모리악에게 보낸 공개 서한에서 다음과 같이 지적했다. "귀하는 숙청을 잘못이라 부르지만, 우리는 숙청이 범죄라고 부른다. 귀하는 사면을 말하지만, 우리는 보상을 요구한다."

숙청기가 훨씬 지난 뒤인 1950년 11월 7일자「르 피가로」지에 실린 '기대의 고통'이라는 글에서 모리악은 사면에 관한 '처참한 논쟁'에 다시 한 번 뛰어들었다. 하지만 이번에는 국민화합의 관점에서 볼 때 사면이 아무런 의미도 없었다고 생각한다. 모리악은 죄수들에게 사면의 희망을 안겨준 자들이 남의 고통을 이용해먹었다고 비난한다. "그들은 감방의 문을 살짝 열었다가는 자유의 공기가 죄수들의 가슴을 부풀리는 순간 문을 다시 닫아버렸다. 그런데 도대체 '그들'은 누구인가? 관용에 대해 말하는 것조차 들으려 하지 않는 이 청백리들, 이 고집불통의 애국자들은 도대체 어떤 인간들인가? 용서라는 미덕과는 등을 돌린 이 엄숙한 공화주의자들은 어떤 자들인가? 그들이 자기 자신을 바라보면서 웃지 않을 수 있을까?"

모리악은 전쟁 직후에 내뿜던 독설을 그대로 간직하고 있었다. 이런저런 구실을 내세워 5년이 지난 지금 깨끗하게 혐의를 벗은 비시 정권 참여자들과 부역자들이 그에게 기회를 제공한 것이었다. 그는 이 기회를 이용해서 브라지약이나 베로 혹은 콩벨 같은 이들이 사형이나 강제노역형 그리고 징역형을 선고받을 만한 짓을 한 게 무엇이냐고 물었다. "이 음산한 코미디에서는 법을 거론하지 않고 정의의 이름을 거명하지 않는 수치심을 가져야 한다. 한편에는 순간의 이익을 좇아 조심스럽게 독일 편을 들었다가 오늘에 와선 제일 앞에 나서서 으시대는 부역자들이 있다. 다른 한편에는 브라지약이나 드리외 라 로셀처럼, 신념에 따른 파시스트로서 히틀러 덕분에 통합된 유럽의 환상에 투신했다가 일생일대의 실수에 대한 대가를 치른 부역자들이 있다. 나로서는 두 부류의 사람들 중 어느 쪽을 내가 경멸하지 않는지를 잘 알고 있다." 5년이 지난 후에도, 모리악은 1945년의 모리악과 변한 게 하나도 없었다.

그런데 용서에서 구원을 얻으려는 사람들은 도덕적으로 누구에게 용서를 구해야 하는 것인가? 피에르 앙드뢰의 표현을 빌자면, "프랑스인으로서의 기쁨에서 배척된 자들"이었다. 하지만 이들의 신분은 매우 다양했다. 진성 나치에서 하수인에 이르기까지, 독일에 군수물자를 대준 기업가에서 헤롤드-파키의 여비서에 이르기까지, 파리의 권위 있는 신문의 논설위원에서 무명의 지방지 편집기자까지, 숙청 당시의 감옥은 사람들로 우글거렸다. 한 걸음 뒤로 물러서서 보면, 승자와 패자가 동일 인물이 아니었기 때문에 저들을 어느 편에 분류하기가 힘들어 보인다. 뤼시앙 콩벨이 이를 잘 지적하고 있었다. "공산주의자들은 오직 하나의 신만을 믿기 때문에 오로지 하나의 악마밖에 모른다. 바로 자본주의 국가이다. 1944년에 숙청된 자들은 드골을 지지하는 교구사제, 적십자사의 여직원, 미국의 흑인, 소련의 경찰서장, 프랑수아 드 망통 그리고 마들렌 자콥 중에서 하나를 선택해야만 했었다. 그들의 반역은 실체가 있었던 것인가?"

숙청당한 자들의 공통점은 국민적인 지탄을 받았던 것만이 아니다. 이러한 따돌림의 결과는 그들 간의 암묵적인 연대, 일종의 의기 투합, 정치적이기보다는 도덕적인 태도를 공유하도록 조장했다. 그리고 이런 현상은 로제 니미에, 스테팡 에케르, 미셸 데옹, 자크 로랑, 앙투안 블롱댕과 같은 이들이 쓴 책들에서, 「라 타블 롱드」나 「라 파리지엔」과 같은 잡지에서, 그리고 숙청기에 탄생한 우파 신문들에서 찾아볼 수 있었다.

잠시 동안이라 하더라도, 공인 생활에서 추방되는 것이 지성인에게는 자극제로 작용할 수도 있다. 어떤 이들에겐 감옥에 갇혀 있는 게 최선책일 수도 있었다. 단 종이와 연필을 확보하고 있는 한에서 말이다. 왜냐하면 작가 레이몽 아벨로가 지적했듯이, 감옥이라는 국내 유배지는 정신 집중과 깊은 성찰을 도와주기 때문이었다. 이런 시각에서 볼 때, 문단 숙청을 주도한 사람들은 실패한 것이나 다름없었다. 죄인에게 벌을 주려고 했는데, 대개의 경우 자기 일을 하게 만든 꼴이었다. 다른 작가들의 경우, 글 쓸 소재를 얻기도 했다. 과도한 숙청 덕분에 마르셀 에메는 『우라노스』와 『타인의 목』을 썼고, 장 아누이는 『가련한 모자』를 쓸 수 있었다. 마르셀 에메는 부역 신문에 그의 작품의 발췌본을 실었지만 정치 기사는 한 줄도 쓰지 않았었고, 장 아누이는 점령하에서 그의 연극을 성공리에 공연했었다. 하지만 전작협이 이 두 작가에게서 비난받을 거리를 찾아내지 못했으므로, 그들은 불안에 떨지 않았다. 그래서 이들은 브라지약 구명운동 서명작업에 더욱 힘을 실어줄 수 있었다.

전쟁 직후의 문학에 끼친 숙청의 여파를 좀더 엄밀하고 정확하게 가늠하기 위해서는 더욱 심층적인 연구를 기다려야 할 것이다. 한 가지 분명한 것은 지성인들에게 이 시기는 분열의 시기였다는 것이다. 이 시기는 해방 당시 스무 살이던 작가와 기자들의 삶 속에 깊이 각인되어 있다. 세월이 흐른 뒤, 어떤 이들은 숙청 주도자들(전작협 멤버들)의 명단과 숙청 대상자들(전작협에서 추방된 작가들)의 명단을 번갈아 쳐다보면서, 그 재능과 지성을 헤아리며 두 명단 중에서 어느 명단에 오른 작가들이 후세에도 살아남아 문학의 전당에 기록될 것인가를 점쳐보기도 했다. 하지만 이것은 헛된 시도이다. 그리고 그릇된 시각이다. 르네 샤르나 클로드 레비-스트로스 같은 이들은 어느 명단에도 올라 있지 않다. 그럼에도 이 둘은 프랑스 문학과 인문학에 오랫동안 그 자취를 남기게 될 것이다. 다른 한편에서는, 기억의 요행에 편승해서 역사를 다른 시각에서 접근하거나 묻혀진 것을 발굴해 내는 작업도 있었다. 1985년 3월 플롱 출판사는 로베르 브라지약의 『정복녀』 재판(再版)을 내면서 언론에 다음과 같은 말로 소개했다. "로베르 브라지약의 비극적인 운명은 창창하던 그의 장래에 종지부를 찍어버렸다. 서른다섯의 나이에 죽은 그는 비극적인 숙청의 희생자들 중 하나였다.…… 그는 자신의 정치적 견해 때문에 법정에서 사형을 선고받았다. 드골 장군은 위대한 작가들이 서명한 탄원서에도 불구하고 사면을 거부했다.…… 오랜 세월 동안 라디오와 텔레비전에서 그를 언급하지 않았음에도, 사람들은 여전히 그의 이름을 기억하고 있다. 그에 대한 기억이 여전히 남아 있는 이유는, 오늘날에 와서야 통탄하는 그런 죽음 때문만이 아니라, 젊은이들이 그의 책에서 자기 자신의 이미지와 자기가 지향하는 인간의 모습을 발견하면서 즐거움을 느끼기 때문이기도 하다. 젊다는 행복과 삶을 기꺼이 받아들이는 행복은 어떤 정치적 입장과도 연관되어 있지 않다……."

'어떤 정치적 입장'. 너무나 경박하고 경망스러운 세 낱말이다. 한때 사람들의 열정과 증오가 집중됐던 '브라지약 사건'을 요약하기에는 너무나 경박한 낱말들이다. 비록 위 글을 쓴 이가 「즈 쉬 파르투」라는 잡지를 지나가는 길에 언급하기는 했지만, 40년이 지난 지금에 와서 "과연 브라지약을 처형했어야만 했는가?"라는 물음을 두고 지성인들의 논쟁을 유발하려는 구태의연한 소개문에 지나지 않는다. 1984년 9월 마르그리트 뒤라스가 그녀의 신작『연인』을 소개하기 위해 텔레비전 프로그램 〈아포스트로프〉에 출연했을 때, 많은 시청자와 비평가들은 뒤라스가 브라지약에 대해 너그럽고 관대한 마음을 품고 있다고 말하는 것을 귀기울여 듣기도 했다.

소위 '대표적인' 운명의 소유자라 일컬어지는 지성인 브라지약의 생사에 관한 논쟁은 근본적인 문제를 제기한다. 즉, 무엇 때문에 숙청이 실패했던 것인가? 그리고 성공한 숙청이란 어떤 것인가?

드골 장군은 그의『전쟁회고록』에서 자신의 입장을 정당화했다. 그의 회고에 따르면, 가장 어려웠던 점은 냉정한 판단력을 잃지 않는 것이었고, 또한 정부 당국자들이 잘못과 범죄행위를 잊고 있다는 인상을 주지 않는다는 것이었다고 한다. "흉칙한 종기가 영원히 나라 전체에 번지지 않도록" 하기 위해서는 정의의 심판이 내려져야만 했다는 것이다. 점령하에서 일어났던 사건들을 고려할 때, 드골은 법에 따른 숙청이 너무나 관대했었다고 술회했다.

드골 장군은 숙청과 아울러 당면과제들을 해결해야만 했다. 대내적 현안으로는 당연하게도, 이제 역사적인 인물이 된 국가원수로서 범죄자들을 철저하게 응징한다는 것을 해방 직후의 프랑스 국민들에게 각인시키는 것이었다. 대외적인 현안으로는, 독일이 항복하고 연합군이 분열된 시점에서 오직 '강력한' 프랑스만이 '위대한 승자의 자리' 를 차지할 수 있다는 사실을 보여주는 것이었다. 하지만 장차 임시정부의 대통령이 될 드골의 입장을 가장 정확하게 파악하기 위해서는 그의 숙청 정책을 공산주의자들과의 관계에서 재검토해 보아야 한다.

해방 직후부터 드골은 공산주의자들과 물밑 전쟁을 벌어야만 했다. 왜냐하면 확실하고 견고한 국가기구를 재건해야 했고, 이를 위해서는 반독애국민병대와 해방위원회의 멤버들을 도지사와 고위 공무원들로 대체해야 했다. 역사학자 필립 로브리외는 드골과 공산주의자들의 관계를 다음과 같이 한 마디로 요약했다. 드골은 1789년 편이었고, 공산주의자들은 1793년 편이었다. 현실 인식은 물론이고 궁극적인 목적에서도, 모든 것이 드골과 공산주의자들을 갈라놓고 있었다. 드골에게는 숙청이 공화국 재건을 위해 반드시 필요한 절차일 뿐이었던 반면에, 공산주의자들에게 숙청은 곧 혁명을 완수하기 위한 무기이자 수단이었다.

드골의 생각으로는, 숙청을 적당히 함으로써 커다란 이득을 얻을 수 있었다. 즉, 옛 관리들을 대거 확보해서 공화국에 봉사토록 할 수 있다는 것이었다. 조금만 더 숙청을 심하게 했더라면, 인재난 (행정부, 사법부, 경제계, 산업계……)에 봉착했을 것이었고, 그렇게 되었다면 드골은 국내에서 레지스탕스 활동을 했던 사람들, 즉 공산주의자들을 기용할 수밖에 없었을 것이었다. 바로 이러한 점에서 숙청의 성격이 1950년대 프랑스 정치의 향방에 근본적인 역할을 하게 된 것이다. 부분적이긴 하지만 위와 같은 이유로 해서, 드골을 우상화하는 역사편찬 작업은 1942년 11월 이전까지에 한해서 비시 정권에 가담했던 자들을 구제했는데, 이것은 1944~1945년의 정치판도에서 드골 장군이 취했던 전략적 의도를 그대로 모방한 것이었다. 1942년 11월까지의 비시 정권 협력자들이란, 비난 받을 죄가 덜한, 어떤 점에서 보면 받아들일 수도 있는 부역자들이었던 것이다. 그들을 복권시킴으로써 드골은 그들을 재활용할 수 있었기 때문에, 재건중인 국가 조직에 레지스탕스 출신 공산주의자들을 새로운 관리로 채용하는 것을 줄일 수 있었고, 또한 신규 채용자들도 장악할 수 있었던 것이다.

이상적으로 보면, 성공한 숙청이란 지하활동에서 이제 막 벗어난 저항투사들이 꿈꾸는 사회가 아니라, 점령 하의 실제 사실에 근거해서 부역자들을 기소하는 것일 것이다. 그랬다면, 진짜 죄인들을 처벌했을 것이고, 약식 처형을 피할 수 있었을 것이고, 판검사들이 결코 부끄러워하지 않을 재판을 진행할 수 있었을 것이고, 부역자와 파시스트들을 심판했을 것이다. 이를 토대로 해서, 파리 언론의 거물들과 하수인들을 법정에 출두시키기 이전에, 그 이후가 아니라, 책임 소재를 규명할 수 있었을 것이고, 반역죄와 사상범을 아주 분명하게 구분할 수 있었을 것이고, 형법 75조를 매우 조심스럽게 적용했을 것이고, 법정마다 다른 해석을 가능한 한 조율해서 형량의 편차를 최대한으로 줄일 수 있었을 것이고, 레지스탕스 출신자나 언론계와 출판계 및 문단 숙청 주도자들이 아닌 다른 사람들 중에서, 점령 하에서의 전력이 깨끗한 사람들 가운데서 배심원들을 뽑을 수 있었을 것이다.

이상적인 시각에서 보면, 숙청이 일부 숙청 주도자들의 진정한 의도를 감추는 데 이용되지 말았어야 할 것이다. 그들의 속셈은 바로 자기 개인의 권력이나 정당의 권력을 쟁취하고 단죄를 도약대로 활용하는 것이었다. 숙청으로 인해 증오가 다시 뜨겁게 달아오르지 않았고 프랑스가 양분되지 않았더라면, '예외적이지 않은' 법의 판단이 진정으로 선인과 악인을 가려냈더라면, 다시 말해서 단지 저항투사들과 부역자들만을 구분하는 게 아니라, 경제적인 부역자들과 지성인들을 구분했더라면, 더 나아가 지성인들 가운데에서는 이상주의적 파시스트들과 전문적인 밀고자들을, 유럽의 국가사회주의를 진정으로 신봉하는 자들과 프랑마쏭이나 유태인들을 쫓는 직업사냥꾼들을 구분했더라면, 숙청은 제 목적을 달성했을 것이었다. 전자 혹은 후자를 정당화하기 위해서가 아니라, 점령자와 그 하수인들이 범했던 불명예와 치욕을 뒤집어쓰지 않기 위해서 말이다. 점령자와 그 하수인들은 국가혁명을 지지하지 않던 모든 자들을

'테러리스트'로 간주하는 데 주저하지 않았었다. 승자의 진정한 힘은 패자에게 패자의 무기를 쓰지 않는 것이다.

1945년 당시에는 숙청이 실패했다는 것을 인정하는 두 가지 방법이 있었다. 「현대」지에 기고한 글에서 레이몽 아롱은 불만을 털어놓으며 악마의 변호사가 되고자 했다. "물론 숙청 주도자들에 의한 숙청이 국가에 의한 숙청에 선행했어야만 했다. 하지만 그런 숙청이 끝까지 진행되었더라면 숙청 주도자들이 몇 명이나 남았을까?"

같은 글에서 레이몽 아롱은 문제의 모순과 중의성을 단 하나의 문장에 담고 있었다. "숙청은 적법한 형식을 빌린 혁명 행위였기에, 애초부터 혁명가도 법치주의자도 만족시킬 수 없도록 되어 있었다." 아롱은 숙청을 인정하거나 정당화할 수 없었다. 하지만 그는 이해하고 설명해보려고 노력하고 있었다. 반면에 「에스프리」지는 더욱 강경한 입장을 취했다. 엠마뉘엘 무니에의 월간지인 「에스프리」는 로제 스크레탱의 글을 통해 숙청이 실패하게 된 원인은 준비 부족, 판검사 수의 부족, 그리고 변호사들의 유해한 영향 때문이었다고 진단하면서, 그토록 염원했던 전면적인 숙청으로 인해 "4분의 1의 프랑스 국민들"이 법정에 출두해야 했었음을 지적했다.

이상적인 숙청(역사가 '만일'이라는 가정과 더불어 쓰여진다고 한다면)은 40년이 지난 지금 그다지 어렵지 않게 기술될 수 있을 것이다. 그런데 한 가지 잊고 있는 것은, 1936년의 좌파 민중전선 정부 이후 잠복하다가 1940년 6월에 터져서 4년 동안 치열하게 전개됐던 내전의 절정과 출구가 곧 숙청이었다는 사실이다. 해방이 되면 '싸늘할' 수도 있다는 것을 어느 누가 당시에 예견할 수 있었겠는가?

숙청은 점령기의 연속이자 종말로 받아들여질 수밖에 없다. 내재적으로 숙청은 점령기와 직결되어 있다. 이것은 너무나 자명한 이치이다. 부역자들이 저지른 잘못과 범죄는 언급하지 않으면서 숙청 주도자들의 잘못을 거론하려고 기를 쓰는 자들이 있는 한, 위와 같은 자명한 이치는 거듭 강조되어야만 할 것이다.

숙청이 진행되던 몇 해 동안의 불-불 전쟁에서, 지성인들은 그들의 책임의 크기, 그들의 글의 가치, 그들의 서명의 여파, 그들의 태도의 존엄성에 관해 성찰해야 할 거리를 찾아냈다. 그리고 그들의 처신에 대해서는, 자긍심을 고취하건 비열함을 고취하건 간에, 40년 전부터 충분히 언급되고 세밀하게 분석되어 있어서; 이제는 아주 맑은 정신에서 그에 대한 교훈을 이끌어낼 수도 있다. 비슷한 상황이 다시 닥칠 경우에 말이다.

부록

부록 ❶

재독 프랑스 지성인 선언

프랑스 지성인들은 프랑스의 합법적인 권력을 대표하는 국정위원회 청사에 모여 여러 날 전부터 조국의 현 상황에 대해 검토한 결과 모든 프랑스 국민들에게 다음과 같은 호소를 하기로 결정했다.

1. 지금 현재 프랑스에서는, 수많은 작가·학자·기자·교수·교사·예술가·학생·자유직 종사자들이 그들의 사상 때문에 기소 당하고, 투옥되고, 심판 받고, 처형되고 있으며, 그들의 재산이 몰수당하고 그들의 책이 판금 당하거나 폐기처분되고 있는 현실을 우리는 씁쓸한 심정으로 확인하는 바이다.
2. 자유의 이름으로 이러한 조치들을 취한 자들은 지난 4년 동안 파리와 프랑스 전역에서 자유로이 권리를 향유할 수 있었던 자들인데, 지금 현재 그들은 똑같은 권리를 다른 사람들에게 인정하지 않고 있음을 우리는 확인하는 바이다.
3. 수많은 금지 리스트들과 거기에 오른 이름들만 보아도, 우리가 순교자라고 추앙해 마지않는 대부분의 프랑스 지성인들이 새로운 유럽의 편에 서 있음을 입증한다고 우리는 확인하는 바이다.

4. 이러한 박해를 가하는 자들에게는 그 어떤 새로운 이념도 없으며, 프랑스의 미래를 준비하기 위해서 그들이 호소하는 인적 자원과 시스템은 이미 실패가 입증되었으며 결국 볼셰비즘에 도달했음을 우리는 확인하는 바이다.
5. 이러한 음울한 상황 앞에서 사회주의 유럽의 필요성에 대한 우리의 믿음은 확고하다. 사회주의 유럽에서 프랑스는 끊임없이 개인의 존중과 국가권력의 조화를 목표로 삼았던 역사적 전통을 마침내 활짝 꽃 피울 수 있을 것이다.

바로 지금 이 순간부터, 독일에서 일하며 투쟁하는 모든 프랑스 세력들과 일치단결해서, 사회주의 유럽 공동체 건설에 착수하고자 하는 우리의 의지를 밝히면서, 우리는 진정한 애국심에 충실하다고 확신하며, 또한 우리 조국이 그렇게도 혁혁한 기여를 했던 서구 문명의 보호자 편에 확고히 서 있는 프랑스 국민들에게 충실하다고 확신하는 바이다.

그러므로 우리는 모든 프랑스 국민들에게 엄숙하게 호소한다. 조국이 처한 시련에도 불구하고, 독일이 뛰어든 거대한 전쟁에서 새로운 대륙이 태어나 국민들의 재능이 조화롭게 꽃을 피워 정의와 자유를 지키게 되리라는 확신을 가지라고 호소한다.

1944년 11월 4일, 지그마링겐

부록 ❷

형법 75조

다음의 자는 반역죄로 사형에 처한다.

1. 무장해서 프랑스를 공격하는 자.
2. 프랑스에 적대행위를 할 목적으로 외세와 공모하는 자, 혹은 프랑스 영토에 외국군의 침범을 용이하게 하거나, 육해공군의 국가에 대한 충성을 어떤 방식으로든지 흔들어놓거나, 외세에 그런 수단을 제공하는 자.
3. 프랑스나 프랑스가 지배하는 국가에 귀속하는 군대·영토·도시·요새·교량·군사요지·무기고·병기고·군장비·탄약·전함·항공모함·전투기를 외국 군대나 그 첩자에게 넘기는 자.
4. 전시에 군인이나 수병들을 부추겨 외국군대에 봉사하도록 하는 자, 그들에게 그럴 수단을 제공하는 자, 프랑스에 대항할 전쟁 세력을 위해 징집하는 자.
5. 전시에 외국 군대나 그 첩자와 내통하여 프랑스에 대한 공격을 용이하게 하려는 자.

이 항에 제시된 프랑스 국민에는 프랑스를 위해 봉사하는 외국

군인이나 수병들은 물론이고 프랑스가 지배하는 국가의 주민들도 포함된다.

이 항에 제시된 프랑스 영토에는 프랑스의 권위가 행사되는 모든 나라들의 영토를 일컫는다.

1939년 7월 29일자 형법 조문

부록 ❸

드골 장군에게 보내는 탄원서

아래 서명자들은, 로베르 브라지약의 부친인 브라지약 중위가 1914년 11월 13일 전투에서 조국을 위해 전사했다는 사실을 상기하면서, 임시정부의 수반인 드골 장군에게 1945년 1월 19일 사형선고를 받은 로베르 브라지약이 청원한 사면 요구를 긍정적으로 검토해 주시길 정중하게 요구하는 바입니다.

폴 발레리, 프랑수아 모리악, 조르주 뒤아멜, 앙리 보르도, 제롬 타로, 루이 마들랭, 폴 클로델, 에밀 앙리오, 앙드레 슈브리용, 프랭스 드 브로글리, 뒤크 드 라 포르스, 조르주 르콩트, 장 타로.

뒤크 드 브로글리, 파트리스 드 라 투르 뒤 팽, 폴-앙리 미셸.

장 폴랑, 자크 코포, 티에리 몰니에.

추기경 브레솔.

피르맹 로즈, 다르, 마르셀 부트롱, 제르맹-마르탱, 에밀 부르이에, 피샤, 자네, 조르당, 랄랑드, 바르두, 뤼에프, 리스트.

앙리 폴레스, 장 슐름베르제르, 롤랑 도르쥴레스, 시몬 라텔, 장 아누이, 장-루이 바로, 클로드 파레르, 장-자크 베르나르, 데바이예르, 장 콕토, 장 에펠, 막스 파바렐리, 앙드레 빌리, 블라디미르 도르메송, 마르셀 아샤르, 알베르 카뮈, 앙드레 오베이, 귀스타브 코엔, 오네게르, 다니엘-롭스, 블라맹크, 마르셀 에메, 콜레트, 앙드레 바르사크, 가브리엘 마르셀, 앙드레 데랭, 루이 라타피.

부록 ④

지성인들에게 보내는 감사의 편지

나의 사면을 요구하는 데 기꺼이 동참한 작가·예술가·음악가·교수인 프랑스 지성인들에게 감사 드립니다. 그들의 이름을 이 자리에서 거명하고 싶지는 않습니다. 그들은 우리 민족의 가장 뛰어난 재능들에 속하며, 그들에게 내가 진 빚은 어마어마합니다. 그들 중에는 나의 활동이나 작업과는 너무나 동떨어져 있어서 무관심할 수도 있는 분들도 있습니다. 우리는 서로 알지도 못하는 사이여서, 그만큼 더욱 그들에게 깊은 감사를 드립니다. 과거에 내가 아주 심하게 대했던 분들도 있는데, 그분들의 도움을 받을 자격이 내겐 전혀 없습니다. 내가 그들에 대해 할 수 있었던 말은 개인적인 반감에 충동질 받은 것이었고, 나는 아주 진지하게 그들을 짓밟았다는 것을 신께서는 알고 있습니다. 그런데 바로 그런 분들이 나를 가장 열렬하게 변호해 주었고, 그렇게 그들은 프랑스 문학의 위대하고 아름다운 전통에 속하는 관대함을 보여주었습니다.

여기에 또 다른 이들이 합류했는데, 내가 늘 자랑스럽게 그 재능을 칭찬했던 젊은 사람들입니다. 이들의 우정 어린 마음은 내게 깊은 감동을 주었습니다. 그들 가운데 자유롭던 시절의 나에 대한 친근한 태도를 잊어버려야 한다고 생각해서, 앙드레 셰니에가 "공포의 제단"이라고 부른 것의 제물이 되었을지도 모르는 이들이 있다 해도, 나는 그런 사실을 기억하고 싶지 않습니다. 지금은 물론이고 전시대를 통틀어 가장 위대한 인물들 가운데, 자신의 정치적·윤리적 이념을 무시하고서 그들의 마음과 그들의 정신이 말을 하도록 한 이들은 얼마든지 있습니다.

나의 감사한 마음을 바치는 대열에 수많은 젊은이들을 덧붙이고자 합니다. 그들은 대부분 학생들이고 개인의 정치적 견해를 떠나 내게 안부를 묻고 편지 했던 이들입니다. 그들은 조국이 젊은 피를 위험에 빠뜨릴지도 모르는 모험에 내가 결코 그들을 끌어들이지 않았다는 것을, 위험의 순간에 내가 그들과 함께 하려 했다는 것을 알고 있습니다.

비록 조국이 처한 비극적 상황에서 나의 생각이 그들에게 충격을 안겨주었다고 해도, 나는 그들 모두에게 말하고자 합니다. 내가 범한 실수는 그 어떤 경우에도 조국에 해를 끼치려는 의도에서 출발하지 않았고, 나는 좋게든 나쁘게든 끊임없이 조국을 사랑했다고 말하고자 합니다. 아무튼 온갖 장벽과 온갖 분열에도 불구하고, 프랑스 지성인들은 이 서명운동으로 내게 크나큰 영광을 안겨주었습니다.

1945년 2월 3일 프렌에서, 로베르 브라지약

부록 ⑤

전국작가협의회가 작성한 기피작가 명단

마크 오지에, 장 아잘베르, 샤를 알베르, 미셸 알레름, 필립 아미게, 폴 알라르, 장 다그레브, 마르셀 블랭, R. 벨랑제, 로베르 브라지약, 자크 브누아-메솅, 에밀 보킬롱, 아벨 보나르, 로베르 드 보플랑, 조르주 블롱, 르네 벵자맹, 가브리엘 부아시, 뤼시앙 부르그, 마르셀 브래방, 앙리 베로, 장 부아셀, 기 크루제, 에두아르 카라겔, 펠리시엥 샬라예, 알퐁스 드 샤토브리앙, 자크 샤르돈, 앙드레 쇼메, 조르주 클로드, 앙리 코스통, P. A. 쿠스토, 뤼시앙 콩벨, 피에르 콩스탕티니, 피에르 드리외 라 로셸, 에두아르 뒤자르댕, 자크 디소르, 페르낭 디부아르, 피에르 도미니크, 프랑시스 들래지, 폴 드마지, 장 드로, 앙드레 드매종, 피에르 데스프젤, 레옹 에므리, 마르셀 에스피오, 알프레드 파브르-뤼스, 베르나르 파이, 앙드레 프래뇨, 카미으 페기, P. 플뢰린, 파욜-르포르, 장 퐁트누아, 에르네스트 포르매롱, 피에르 프롱대, 로베르 프랑시스, 클로드 그랑데, 장 지오노, 베르나르 그라세, 사샤 기트리, 위르뱅 고이에, 길랭 드 노장, 조르주 그랑장, 엑토르 길리니, 조제 제르맹, 장 에리티에, 아벨 에르망, 장 드 라 이르, 에드몽 잘루, 장 자코비, 클로드 자메, 클로드 장테, 마르셀 주앙도, 르네 졸리베, 베르트랑 드 주브넬, *H.* 라브루, *G.* 드 라 푸르샤르디에르, 노엘 *B.* 드 라 모르, 아베 랑베르, 로제 드 라포르세, 르네 란느, 모리스 라포르트, 장-샤를 르그랑, 루이 레옹 마르탱, 장 라세르, 알랭 로브로, 자크 드 레댕, *L. C.* 르콕, 폴 롱바르, 폴 르주르, *H. R.* 르노르망, 자비에 드 마갈롱, 콜로넬 마솔, 장-피에르 막상스, 카미으 모크레르, 장 마르케스 리비에르, 샤를 모라스, 조르주 몽탕동, 앙리 드 몽테를랑, 앙리 마시스, 모르갱 드 킨, 모리스 마르탱 뒤 가르, 아나톨 드 몽지, 피에르 무통, 미셸 무안느, 장 알레시스 느레, 폴 모랑, 도르나노, 조르주 올트라마르, 뤼시앙 팡장, 피에르 파스칼, 조르주 플로르손, 장 프롱, 아르망 프티장, 레옹 드 퐁생, 앙리 풀랭, *A.* 드 피세귀르, 장 렌느빌, 자크 루종, 뤼시앙 르바테, 레이몽 르쿨리, 장-미셸 르내투르, 쥘 리베, 에티엔 레이, 폴 리비에르, *J. M.* 로샤르, 조젭 루오, 아르망 로뱅, 모리스 수세, 알퐁스 세쉬, 조르주 쉬아레즈, 티에리 상드르, 앙드레 살몽, 에두아르 슈나이더, 도미니크 소르데, 앙드레 테리브, 장 튀를래, 장 트루토 우재, 루이 토마, 장 토마송, 앙리 발랑티노, 반 데르필, 모리스 드 블라맹크, 로베르 발르리-라도, 장 바리오, 르네 뱅상, 에밀 빌레르모즈, 장 질다스, 뤼도빅 조레티.

참조: 상기 명단은 발표할 목적으로가 아니라 원래 내부용으로 작성된 명단이다. 이 명단은 1946~1947년에 전작협의 멤버들에게 바로미터로 이용되었다.

부록 ❻

전국작가협의회 헌장

과거 압제자와 그 공모자들과의 투쟁에 일치단결했었고, 오늘 자유를 위해 사망한 동료들에 대한 의리로 일치단결한 전국작가협의회의 멤버들은 다음과 같은 약속을 한다.

1. 공동으로 벌였던 투쟁의 의미를 흐리고, 프랑스와 연합국의 공동 승리를 위해 맺은 전우애를 흐릴 수 있는 어떤 행위도 거부한다.
2. 프랑스와 프랑스 사상을 선구자의 반열에 오르게 한 윤리적이고 인간적인 원칙들을 부인하는 어떤 글도 쓰지 않는다.
3. 인간의 자유와 존엄성을 위협할 수 있는 이념이나 원칙 혹은 사람들을 인정하거나 사면하겠다고 결코 주장하지 않는다.
4. 출신·가문·신념이나 종교적인 믿음을 위해 시민들을 구분할 수 있다는 것을 결코 주장하거나 인정하지 않는다.
5. 온갖 수단을 다 동원해서 사상과 표현의 자유를 보호한다.

점령 기간에 정신적으로 혹은 물질적으로 압제자에게 기여한 글이나 행동을 한 작가가 쓴 텍스트를 발행하려는 신문·잡지·공저·총서 등등에 어떤 참여도 하지 않기로 전작협의 멤버들은 만장일치로 합의했다.

부록 ❼

1945년 5월 30일자 행정명령 제 45-1089호
– 문인 · 작사가 · 작곡가 · 화가 · 삽화가 · 조각가 · 판화가 숙청 관련 행정명령

프랑스 공화국 임시정부는, 교육부장관의 보고서에 기초하고, 프랑스국가해방위원회 설립에 관련된 1943년 6월 3일자 법령에 의거, 이와 아울러 1944년 6월 3일자와 9월 4일자 법령, 프랑스 본토에서의 행정적인 숙청에 관련된 1944년 6월 27일자 법령 및 1944년 10월 25일자 수정안, 그리고 기업체 숙청에 관한 1944년 10월 16일자 법령에 의거, 법적인 협의가 완료되었으므로, 다음과 같이 명하는 바이다.

■ 제1조. 다음의 위원회가 창설된다.
1항. 문인 · 작사가 · 작곡가 전국숙청위원회.
2항. 화가 · 삽화가 · 조각가 · 판화가 전국숙청위원회.
　위의 두 위원회는, 첫째, 적의 도발을 도왔거나, 둘째, 프랑스와 연합국의 전쟁 노력을 방해했거나 특히 밀고로 프랑스 국민의 저항활동을 막았던 해당 분야 전문가들을 맡아 숙청한다. 밀고죄에 대해서는 아래 3조와 4조에 징계 조치가 명시되어 있다.
■ 제2조. 제1조에서 설립된 위원회 구성은 정보부장관의 검

토를 거쳐 교육부장관이 내린 교육부령에 의해 규정된다.

■ 제3조. 제1조 1항에서 설립된 위원회는 징계를 받아야 할 작품들의 편집·출판·공연 금지를 명할 수 있고, 신작(新作)의 편집·출판·공연을 일시적으로 금지시킬 수 있고, 신문·잡지·정기간행물에 참여하는 것을 일시적으로 금지시킬 수 있고, 강연·발표를 일시적으로 금지시킬 수 있고, 라디오 방송 출연을 일시적으로 금지시킬 수 있고, 저작권의 일부 혹은 전액 수수를 일시적으로 금지시킬 수 있고, 문학 활동으로 얻는 어떤 이익 행위도 일시적으로 금지시킬 수 있으며, 위의 징계 조치들 중의 어느 하나만을 내릴 수도 있다.

■ 제4조. 제1조 2항에서 설립된 위원회는 전시(展示)를 일시적으로 금지시킬 수 있고, 작품의 일부 혹은 전부 판매를 금지시킬 수 있고, 신문·잡지·정기간행물에 참여하는 것을 일시적으로 금지시킬 수 있고, 강연·발표를 일시적으로 금지시킬 수 있고, 라디오 방송 출연을 일시적으로 금지시킬 수 있고, 저작권의 일부 혹은 전액 수수를 일시적으로 금지시킬 수 있고, 예술 활동으로 얻는 어떤 이익 행위도 일시적으로 금지시킬 수 있으며, 위의 징계 조치들 중의 어느 하나만을 내릴 수도 있다.

■ 제5조. 선행 조항에 명시된 징계 조치들은 어떤 경우에도, 언론의 자유에 관한 1881년 7월 29일자 법률의 제13조에 명시된 정정보도권을 침해할 수 없다.

■ 제6조. 해당 장관들은 부령(部令)에 의해 징계 받은 자들의 작품 가운데 학문적 혹은 역사적인 공익의 성격을 띠고 있는 특정 작품의 출판을 허가할 수 있다.

■ 제7조. 선행 조항의 적용으로 인해, 작가·작사가·작곡가·화가의 수입이나 이권이 금지된 경우, 이는 공익 작품들에 지불된다. 단, 법원의 결정에 의해 이미 몰수된 경우가 아닌 경우에 한한다. 이 경우 몰수된 총액에서 남는 액수만을 공익 작품에 지불한다. 공익 작품은 정보부장관과 교육부장관이 공동으로 서명한 부령(部令)에 의해 지명된 문학 및 예술 작품에 한한다.

■ 제8조. 제3조와 제4조에 명시된 일시 금지 조치들은 2년을 초과할 수 없다.

하지만, 전국숙청위원회에 회부된 자가 부역 행위나 국가 모독 행위로 기소되었을 때, 상기의 위원회가 동일 내용의 기소를 할 목적으로 법무부장관에게 서류를 이첩했을 때, 상기의 징계 조치는 법원의 결정에 따라 선택된 날을 최후 기한으로 연장할 수 있다.

부역 행위나 국가 모독 행위로 형을 선고받은 경우, 상기의 제3조와 제4조에 명시된 모든 임시 제재 조치는 수형 기간 동안 수형자에게 전적으로 적용된다. 단 이 기간은 5년을 초과할 수 없다.

위원회 결정 후 6개월 이내에 형법상의 기소를 당하지 않으면, 당사자는 위원회를 소집할 수 있고, 위원회는 징계 조치를 거두는 결정을 하거나 제한 기한을 정할 수 있다.

■ 제9조. 상기 위원회들은 해당 장관들에 의해서, 장관 중 1인의 직권으로 혹은 부령(部슈)이 정한 리스트에 오른 문학 예술 협회의 정당한 소청에 의해서 소집된다.

■ 제10조. 상기 위원회들은 회부된 자들을 심문한다. 위원회는 진실을 밝히는 데 도움이 되는 모든 증인을 출석시킬 수 있고, 공공기관이나 개인에게 관련된 모든 자료를 요청할 수 있다.

이를 위해서, 위원회는 위원 중 1인을 선임하거나 사법경찰에 의뢰를 할 수 있다.

지명된 증인들은 반드시 출석해야 하며, 형사소송법 80조에 규정된 징계를 받을 수도 있다는 전제하에 증언한다.

■ 제11조. 상기 위원회들은 그 자체로 내부 수칙을 정하고, 방어권을 견지하는 데 유용한 모든 조치들을 취할 수 있다.

■ 제12조. 제3조와 제4조에 명시된 직업 관련 제한 조치를 어긴 경우, 1개월에서 3년까지 징역형과 5천 프랑에서 10만 프랑까지 벌금을 물거나, 혹은 두 가지 형 가운데 하나만을 받을 수 있다.

■ 제13조. 본 행정명령의 적용 양식, 특히 상기 제7조에 명시된 공익작품에 대한 기금 배분에 관해서는 향후 특별법에 의해 규정될 것이다.

■ 제14조. 본 행정명령은 프랑스 공화국「공보」에 발표되는 즉시 법적 효과를 발휘하게 된다.

부록 ⑧

카뮈의 입장
— 카뮈가 마르셀 에메에게 보낸 편지

나는 지금까지 늘 사형을 끔찍하게 생각해 왔습니다. 적어도 개인으로서의 나는 사형에 동참할 수 없다고 판단해 왔습니다. 이것이 내 입장입니다. 이에 대해 아마도 브라지약의 친구들이 기꺼이 조롱할 것이라고 짐작됩니다. (중략)

내가 여러분들의 서명에 내 서명을 첨부하는 것은 브라지약을 위한 것이 아닙니다. 내가 무능하다고 간주하는 작가 브라지약을 위한 것도, 전력을 다해 내가 경멸하는 개인 브라지약을 위한 것도 아닙니다. 만일 내가 브라지약에 대한 관심을 가지게 되었다 하더라도, 브라지약의 신문이 고취하던 브라지약의 친구들에 의해 불구가 되거나 처형당했던 두 세 명의 내 친구들에 대한 기억 때문에, 그런 유혹에 빠지지 못했을 것입니다. 귀하는 브라지약이 우연히 정치적 견해를 피력하게 되었다고 말합니다. 이에 대해서 나는 아무 것도 모릅니다. 하지만 내가 분명히 알고 있는 것은, 귀하를 불명예스럽게 하는 일을 선택하는 것에는 우연이 있을 수 없다는 것입니다.

내 서명이 여러분들의 서명과 나란히 하게 되는 것은 결코 우연이 아닙니다. 브라지약은 내 친구인 자크 드쿠르나 폴리체를 살리기 위해 결코 서명한 적이 없었습니다.

1945년 1월 27일, 알베르 카뮈.

프랑스의 나치 부역자 숙청 관련 일지

1944년

6월 6일. 연합군 노르망디 상륙.

8월 15일. 연합군 프로방스 상륙.

8월 19~25일. 파리 해방.

9월 15일. 특별재판소 설치.

10월 18일. 부정취득에 관한 행정명령 조치.

10월 23일. 쉬아레즈 재판.

10월 말. 전국작가협의회가 제명한 작가 명단 발표.

11월 4일. 재독 프랑스 지성인 선언(지그마링겐).

11월 28일. 민사법정 설치 행정명령.

12월 18일. 「르 몽드」 창간호 발간. 폴 샤크 재판.

12월 26일. 공민권 박탈에 관한 행정명령.

12월 28일. 뤼시앙 콩벨 재판.

12월 29일. 앙리 베로 재판.

1945년

1월 19일. 로베르 브라지약 재판.

1월 27일. 샤를 모라스 재판.

2월 6일. 로베르 브라지약 처형.

3월 2일. 국가 재건에 관한 드골의 담화문.

3월 15일. 드리외 라 로셸 자살.

3월 13~18일. 최고재판소에서의 첫 재판에서 에스테바 해군 제독이 종신형을 선고 받음.

3월 말. 장-폴 사르트르의 『자유의 길』 출간.

5월 8일. 독일 항복.

5월 10~30일. 강제수용소 구금자들과 전쟁포로 귀환.

5월 30일. 문인 숙청 관련 행정명령.

5월 31일. 망통의 뒤를 이어 테트겐이 법무부장관에 임명.

6월 12일. 언론 검열 폐지.

7월 3일. 1944년도 공쿠르상이 엘자 트리올레의 『200프랑짜리 첫 사고』에, 1945년도 공쿠르상이 장-루이 보리의 『독일 점령하의 내 시골』에 수여됨.

7월 4일. 아벨 보나르가 최고재판소의 결석 재판에서 사형을 선고 받음.

7월 11일. 페르도네 재판.

7월 20일. 폴 발레리 사망.

7월 23일~8월 15일. 페탱 재판.

9월 17일. 장 헤롤드-파키 재판.

10월 1일. 월간지 「현대」 창간호 발간.

10월 4~15일. 피에르 라발 재판.

11월 20일. 뉘렘베르그 재판 시작.

옮긴이 **이기언**

연세대 불문과를 나와 파리-소르본 대학에서 문학박사 학위를 받았다. 옮긴 책으로는 『말꾼』, 『누더기』 등이 있고, 「비평」지에 〈20세기 프랑스 지성인사〉를 연재한 바 있다. 지금 연세대와 인천대에서 강의하고 있고, 「시민의신문」 기획위원장을 맡고 있다.

지식인의 죄와 벌
프랑스는 나치에 협력한 지식인들을 어떻게 처벌했나?

1판 1쇄 인쇄 2005년 1월 15일
1판 1쇄 발행 2005년 1월 22일

지은이 피에르 아술린
옮긴이 이기언
펴낸이 조추자
펴낸곳 도서출판 두레
등록 1978년 8월 17일 제1-101호
주소 서울시 마포구 공덕1동 105-225
전화 02)702-2119(영업), 02)703-8781(편집)
팩스 02)715-9420
이메일 dourei@chol.com

ISBN 89-7443-068-1 03930

* 가격은 뒷표지에 적혀 있습니다.
* 잘못 만들어진 책은 바꾸어 드립니다.

| 함께 읽으면 좋은 두레의 책들 |

역사가 이들을 무죄로 하리라 박원순 지음 / 23,800원

한국간행물윤리위원회 '이달의 읽을 만한 책' 선정도서
1980~90년대를 인권변호사로서 치열하게 보내고, 지금은 아름다운 가게를 통해 시민운동의 새 지평을 열고 있는 박원순 변호사가 일제시대부터 지금까지의 한국인권변론사를 정리한 최초의 책이다. 그는 과거 우리나라 인권변호사들의 역사를 정리할 뿐만 아니라 변호사들이 나아가야 할 방향, 즉 전업적 공익변호사의 필요성을 강조하고 있다.

환상을 만드는 언론 노엄 촘스키 지음 / 황의방 옮김 / 12,800원

미국의 주류 언론들은 그 기능을 다하고 있을까? 촘스키는 한마디로 '아니다'라고 대답한다. 바로 이 책에서 '어떻게' 아니며 '왜' 아니냐를 깊이 있게 통찰하고 있다. 촘스키는 수많은 극단적인 '비대칭 보도' 사례를 통해 미국의 언론들이 '환상과 동의를 제조하고' 있으며, 또한 미국의 미디어들은 지배 엘리트들의 여론을 대변한다는 사실을 적나라하게 파헤치고 있다. 미국의 언론을 모델로 삼고 있는 우리나라의 언론을 보는 데도 유익한 시각을 제공해 준다.

중국의 붉은별(상,하) 에드가 스노우 지음 / 홍수원·안양노 옮김 / 상·하 각권 7,000원

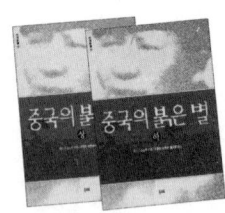

'에드가 스노우를 읽거나 연구하지 않고는 누구도 오늘의 중국을 이해할 수 없다'고 할 만큼 중국혁명에 관한 고전으로 꼽히는 책. 1928년부터 13년간 중국에 머물며 기자로 활동했던 에드가 스노우가, 서방기자로서는 처음으로 마오쩌둥과 인터뷰, 중국혁명 지도자들과 중국 홍군의 모습을 생생하게 그려냈다.

새는 좌우의 날개로 난다 리영희 지음 / 9,800원

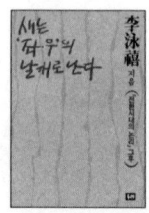

분단과 냉전 이데올로기 시대의 거짓을 드러내고 우상을 부수어 한반도를 둘러싼 국내외의 현실과 진실을 바로 보게 해주는 책. "균형은 새의 두 날개처럼 좌와 우의 날개가 같은 기능을 할 때의 상태이다.… 진보의 날개만으로는 안정이 없고, 보수의 날개만으로는 앞으로 갈 수 없다. 좌와 우, 진보와 보수의 균형잡힌 인식으로만 안정과 발전이 가능하다."